Daniele Antonio Battaglia

Escribir con Fantasía
Curso de escritura creativa

Primera edición

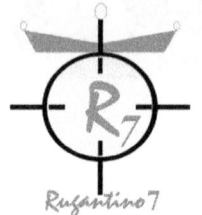  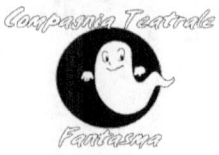
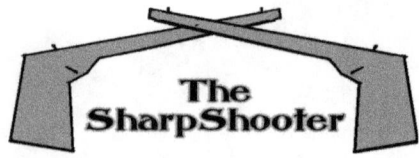 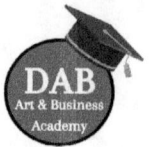

Daniele Battaglia
Número de posición SIAE (Italia): 136806
Sección OLAF
Miembro honorario de la Unione Nazionale Scrittori e Artisti
© 2018-2024. Reservados todos los derechos.
Queda prohibida la reproducción, incluso parcial, sin el consentimiento del autor.
Gráfico de portada: Daniele Antonio Battaglia

ISBN | 9798324526757

www.danielebattaglia.it
www.compagniafantasma.eu
www.thesharpshooter.eu
www.globalshow.net
www.gsradio.it
www.dabacademy.eu
www.parlarealmicrofono.cloud
Facebook:
www.facebook.com/danieleantoniobattaglia
www.facebook.com/compagniateatralefantasma
www.facebook.com/thesharpshootertheprofessionalkiller
Twitter:
www.twitter.com/rugantino7
Perfil autor Amazon:
https://www.amazon.com/Daniele-Antonio-Battaglia/
Perfil autor Lulu Press:
https://www.lulu.com/spotlight/danieleantoniobattaglia

I
Módulo
-
Introducción a la escritura creativa

1
Introducción

"Escribir con Fantasía" es un curso de escritura creativa que tiene como objetivo introducir a las personas las bases fundamentales para emprender un viaje creativo y narrativo de cualquier género, para aprovechar al máximo sus habilidades en el desarrollo de la historia que pretendes contar al lector, intentando subrayar los pasos más importantes y delicados que se deben hacer para culminar un proyecto de esta magnitud. Son muchas las fases y muchos los temas en los que nos centraremos para dar la posibilidad de adquirir los conceptos necesarios que ayudarán, a cada alumno del curso, a hacer florecer el arte narrativo que está presente en cada uno de nosotros. Además de las distintas fases principales, también profundizaremos los pequeños detalles que sirven para embellecer y mejorar cada tipo de libro en prosa, hasta el punto de explicar cómo decidir qué vía de publicación puede ser más adecuada para tu obra. En las próximas páginas encontraréis mi sistema de escritura personal, que he decidido compartir con todos vosotros, inspirándome en las bases clásicas del tema que discutiremos juntos, para guiaros a través del laberinto de la fantasía y asegúrese que sus ideas encuentren la salida para ser descritas de la mejor manera.

2
¿Qué es la escritura creativa?

Si se presta atención, la escritura creativa no es otro que aquello para lo que nos han formado desde pequeños en la escuela, cada vez que nos encomendaban a realizar un tema, teniendo que comprometernos a imaginar algo y, en consecuencia, escribirlo para expresar nuestra idea o pensamiento. Vale, ciertos temas no siempre dan la oportunidad de expresarse de forma imaginativa, aunque en los últimos años, especialmente en las escuelas secundarias, la tendencia parece estar cambiando y es necesario crear obras reales en prosa o artículos auténticos de periodísticos. La verdad es que la escritura creativa es la forma de crear una historia, un cuento, una novela corta, un cuento de hadas, de la manera más adecuada posible a lo que elegimos como tema de la obra y al público que pretendemos llegar. Estas obras lingüísticas pueden ser de pura fantasía o de carácter histórico, o como le gustaba decir a Alessandro Manzoni, textos verosímiles, donde se cuenta la verdad, disfrazada por la propia creatividad en algo que es fantasía, pero que al mismo tiempo es claramente tangible en la vida cotidiana o a nivel histórico. Este tipo de escritura, ya sea en prosa o en rima, por tanto, poesía en este último caso, surge desde nuestra creatividad y por el saber articular las ideas que tenemos en la cabeza, para que lo que queremos contar sea convincente e interesante. En pocas palabras, la escritura creativa es una explosión de ideas a las cuales el escritor da forma, utilizando todas las habilidades que tiene y los conocimientos adquiridos a lo largo del tiempo, como términos y metodologías lingüísticas más demandadas. Haciendo referencia a muchos tipos de historias, como puede ser el género fantástico, la escritura creativa también significa saber pensar fuera de lo común, creando nuevos escenarios fascinantes que, quizás, otros autores no hayan descrito antes.
En el curso que iniciamos nos centraremos, más de una vez, en ciertos pasos fundamentales para implementar la imaginación que poseemos, traduciéndola en palabras que formarán nuestros futuros trabajos. Básicamente, nos referiremos a las palabras del citado Manzoni, quien decía que una obra, para ser válida, debe tener: *"¡La verdad como*

tema, lo interesante como medio y lo útil como fin!". Este concepto lo explicaremos a lo largo del curso y en manera más concreta y exhaustivamente en el párrafo 24 que estará dedicado a explicar cómo juntar todos los componentes de una historia.

3
Diferencia entre poesía y prosa

Comencemos nuestro viaje delineando rápidamente las diferencias sustanciales entre prosa y poesía. En ambos casos nos encontramos ante dos expresiones de la escritura creativa y la poesía, a mi entender, es por excelencia, lo es en todas sus diversas formas. Claramente, la primera diferencia es que la poesía cuenta algo, un estado de ánimo, un acontecimiento, un elogio o cualquier otra cosa, aprovechando los versos que pueden asociarse a determinadas métricas concretas o en endecasílabos sueltos, donde se razona creando rimas o asonancias, de diversa índole y utilizando metáforas, hipérboles, etc. Estos métodos también pueden utilizarse en prosa, pero organizados y descritos de otra manera, a través de un hilo lógico que lleva también a la inserción de un posible componente poético, debidamente preparado para la obra que estamos escribiendo. Otra diferencia es que en poesía, en muchos casos, se puede omitir la puntuación, aunque a algunos escritores también les encanta utilizarla en los versos que componen; algo totalmente inaceptable en prosa, donde la puntuación es fundamental, como a su vez es el hilo lógico de la discusión abordada. Si queremos verlo en forma novelada, podemos decir que la poesía es una especie de fotografía instantánea de algo que el autor quiere proponer al público, dejando libre interpretación de lo que se mira, un boceto que transmite emociones, a pesar de serlo en sí mismo mencionado; mientras la prosa es un cuadro bien detallado, donde el escritor perfila cada acción de la trama, especificando los diversos aspectos que en poesía solo se insinúan o se omiten totalmente, para permanecer dentro de los cánones de la métrica sobre la que escribí antes. En prosa se pueden utilizar metáforas también, hipérboles y otras metodologías similares... pero pueden ser específicas del momento, a través de una frase dicha por un personaje, o mucho más amplias, insertadas como un elegante velo para todo un párrafo o para todo el libro.
En este curso, sin embargo, nos ocuparemos de la prosa, dejando la introducción y enseñanza de la poesía a otros textos específicos.

4
La importancia de la lectura

Aunque a algunos les pueda parecer paradójico, pero no lo es, saber escribir también proviene desde lectura que cada uno de nosotros práctica. El compromiso por una buena y saludable lectura nos da la oportunidad de descubrir formas que podemos utilizar, nuevos términos que quizás desconocemos y, sobre todo, nos da la posibilidad de adquirir los métodos que hacen tan interesante un libro. Si nuestro mundo literario abarca múltiples tipologías y múltiples autores, tendremos la oportunidad de ver cómo existen diferentes métodos, todos factibles, para crear una historia convincente, manteniendo fe en patrones muy específicos y comunes a todas las historias. Se podría hacer una comparación con la música, donde solo hay siete notas, pero, sin embargo, se han compuesto innumerables melodías y se siguen creando muchas más cada día. Pues lo mismo ocurre con los principios de la escritura creativa que deja a cada autor la capacidad de crear un mundo nuevo, totalmente separado de los inventados por otros escritores, o de nuestras propias obras anteriores a la última en la que estamos trabajando. La lectura, por tanto, es una forma muy importante de aumentar la capacidad de escritura, comparándose con lo que otros han logrado y en muchas ocasiones, también es una forma de aprender cosas nuevas que nos serán útiles en el futuro. En virtud de lo dicho, por tanto, mi consejo es leer textos de varios géneros para poder comparar sus estilos, contenidos y, sobre todo, tratar de entender cuál es la forma que podría ser la mejor para nosotros, quizás creando un nuevo propio estilo, totalmente personal.

5
La inspiración

En la escritura creativa, ya sea prosa o poesía, ¡la base fundamental sobre la que construir nuestro trabajo es la inspiración! Todo esto porque cuando estamos "inspirados" todo resulta más natural y sencillo y, por regla general, lo que hemos escrito resulta mucho más fluido y apreciable que cuando escribimos de forma "incómoda", obligándonos a escribir algo, aunque no estamos completamente de humor positivo.

Poco importa lo que nos inspire, lo que más nos interesa, sin embargo, es sentir esa especie de llama artística que arde dentro de nosotros y que nos lleva ante el ordenador, la vieja y querida máquina de escribir o la aún más antigua hoja de papel para escribir, negro sobre blanco, lo que nos dicta nuestra alma. El caso es que, como cualquier trabajo en este mundo, aunque escribir es un arte que muchas veces se convierte en un verdadero trabajo en sí mismo y escribir también es mejor cuando se hace con ganas y placer. En algunas ocasiones, como ciertamente les pasa a los periodistas, que son básicamente excelentes escritores, puede suceder que tengan que escribir un artículo a una hora o un día determinado, aunque no se sientan preparados para hacerlo; es decir, que no tienen la inspiración necesaria, o pocas informaciones útiles y por eso, les guste o no, se ven obligados a escribir en contra de su voluntad. Seguramente lo que crearán será algo bueno, pero igualmente seguro que en ese artículo en particular faltará el mordiente, la pasión o la característica particular que distingue a ese escritor cuando tiene la posibilidad de escribir con gusto, porque siente la inspiración que guía sus manos mientras escribe el texto. A la luz de lo dicho, te recomiendo encarecidamente que escribas solo cuando sientas esa fuerza incontenible dentro de tu alma que te empuja a expresar tus ideas y formularlas de la mejor manera posible. El resultado será un texto, sin embargo, apasionante e interesante que transmitirá al lector buena parte de lo que se quiere comunicar. Digo "una buena parte", porque sabemos que cada lector interpreta un texto en función del momento que está viviendo en privado y de su propia ideología y educación, pero hablaremos más de esto hacia el final del libro, en un párrafo dedicado a la gestión de la crítica.

6
Cómo encontrar la inspiración

Hemos hablado de lo importante que es la inspiración en la escritura creativa, pero este no es un estado mental que "enciendes" cuando te lo ordenan o simplemente lo encuentras en la calle. A menudo las personas se inspiran aleatoriamente, en una fotografía, en la visión de una acción realizada por otros, en la cercanía de un ser querido o en la lectura o escucha de una frase dicha por algún individuo más o menos carismático. El hecho es que cada autor encuentra inspiración a su manera en lo que la vida le ofrece. Por ejemplo, en el período nominado como *"Dolce Stilnovo"*, grandes autores como Dante Alighieri y Petrarca encontraron inspiración a través de sus musas, es decir, Beatriz y Laura; mujeres tan hermosas que los dos grandes poetas se enamoraron y sacaron de ellas la extraña fuerza interior y las ideas que los llevaron a escribir inmensas obras maestras de la lengua italiana. Como ellos, muchos otros autores han encontrado y siguen encontrando inspiración en una musa personal o en algún objeto o acontecimiento, como, por ejemplo, Giacomo Leopardi, otro gran autor italiano, que encontró su inspiración en la observación de la luna. Yo mismo he encontrado inspiración, muchas veces, gracias a una chica en particular, aunque, la mayoría de las veces, es la música la que crea en mí esa extraña alquimia llamada inspiración, que me permite escribir. Entender cuál es el objeto, la acción, el evento o la persona que nos inspira es algo muy importante, porque de esta manera, cuando sentimos el deseo de escribir, pero no tenemos ideas, podemos intentar buscar inspiración a través de ese modo específico que nos permite, de repente, descubrir las palabras que ya están presentes en nuestra mente y expresarlas en el papel de la mejor manera. Como ya mencioné, por experiencia personal, a menudo tengo ganas de escribir, pero al mismo tiempo no tengo ninguna idea válida en mi cabeza, así empiezo a escuchar música, un cierto tipo y, en la mayoría de los casos, las notas musicales hacen sus efectos positivos, dándome la oportunidad de ponerme a trabajar; esta cosa trabaja así bien que una vez que empiezo, sigo escuchando esas melodías hasta haber escrito la última palabra de aquella sesión. Por eso es muy importante encontrar el método que nos inspira y, si es necesario, también se puede utilizar cuando nos vemos obligados a escribir incluso sin ganas, por un contrato que hay que respetar o, como dicho antes para los periodistas, por un editor que espera nuestro artículo para publicar el periódico del día siguiente. Dicho esto, si estás libre de tales limitaciones contractuales, siempre es mejor escribir, como dijo anteriormente en este libro, cuando sientas ese fuego dentro de tu corazón que te empuja a tomar un bolígrafo en la mano o escribir a través de un teclado de una ordenadora, de tal forma que las palabras utilizadas y las frases que se puedan crear tengan un efecto e impacto real en el público.

7
Superar el bloqueo del escritor

Uno de los principales problemas que aqueja la vida de cualquier autor es el infame *"bloqueo del escritor"*; es decir, el momento, más o menos largo, durante el cual un artista es absolutamente, o casi completamente, incapaz de plasmar en papel dos ideas aceptables. Desafortunadamente, momentos como este nos pasan a todos, pero no debemos desanimarnos, porque pueden suceder. Igual que la inspiración que puede surgir gracias a la visión de un hermoso panorama, el canto de un jilguero o por cualquier otro motivo, el bloqueo del escritor no pasa por motivos específicos, simplemente llega. Evidentemente, lo que sucede en nuestra vida tiene un papel importante tanto a la hora de encontrar la inspiración como cuando esta desaparece y nos encontramos en la fase de estancamiento del bloqueo, si queremos verlo desde un punto de vista puramente psicológico. En otras ocasiones, simplemente parece simplemente que nuestra racha creativa se ha agotado y necesita un tiempo indefinido para desbloquearse, una especie de descanso fisiológico para nuestra mente. Paradójicamente, en mi opinión, por lo que he vivido personalmente, la mejor manera de superar el bloqueo es no hacer nada. Vive el asunto con tranquilidad y desapego, para que la mente se relaje y pueda, poco a poco, volver a estar lista para dar a luz nuevas ideas. Desanimarse, enfadarse y buscar desesperadamente una solución, siempre psicológicamente hablando, es mucho más perjudicial que útil. Algunos de ustedes podrían señalar cómo, anteriormente, se escribió que podemos buscar la inspiración adecuada a través de aquellas cosas particulares que nos estimulan de una manera única... y, en sí mismo, eso está bien. Sin embargo, si no se logra el resultado deseado, hay que mantener la calma y no desesperarse. Es evidente que, como se ha observado en los párrafos anteriores, esta calma tiende a desvanecerse cuando se tiene un contrato que debe ser respetado para presentar un trabajo. En este caso hay que hacer todo lo posible por escribir lo que se debe, aunque si escriba en clara presión. Si no existen condiciones contractuales que nos obliguen a un plazo determinado, entonces podemos estar tranquilos y esperar a que desaparezca el bloqueo. Nuevamente, por experiencia personal, me pasó que fue capaz de escribir párrafos enteros seguidos, de alguna historia, cuando obviamente estaba inspirado, y luego escribir un verso de un poema cada tres meses, porque no tenía ningún tipo de idea en mi cabeza y mi imaginación parecía bloqueada, o mejor dicho... realmente lo estaba. Aquí, en este caso, un nuevo intento que se puede hacer, siempre con mucha calma, para volver a escribir, es intentar anotar, de vez en cuando, aunque sea una simple línea o algunas palabras; solo para romper el hielo. Muchas veces, este pequeño truco ayuda a despegarse; porque de la que parece una primera frase sin sentido, sucede que enseguida surge otra, o poco después, una segunda y luego otra más. Sin embargo, si por casualidad esto no sucede, escribiendo una línea de vez en cuando, de alguna manera podrás avanzar y así escribir algunas páginas. Así como una línea es una fila continua de pequeños puntos, un párrafo es un conjunto continuo de palabras. Puede ser que nos lleve un poco de tiempo, pero al menos nuestra historia habrá llegado a la página 2, 5 o 7, en lugar de quedarse estancada en la primera línea luego varios meses de espera.

8
Escribir no es solo escribir

Paradójicamente, a pesar de lo que comúnmente podamos pensar, escribir no es solo la acción que realizamos cuando nos sentamos en frente a una hoja de papel en blanco o frente a la computadora y literalmente comenzamos a realizar el acto práctico de escribir; más bien, hay muchas otras fases que en realidad forman este procedimiento complejo, pero a la vez sencillo. Ya hemos hablado de lo importante que es leer para adquirir nuevos estilos, aprender cosas nuevas que luego podríamos usar en una nueva historia y practicar con un tipo o tipos de lenguaje superiores que puedan mejorar nuestros trabajos. Bueno, precisamente en virtud de estas y otras cosas, *"leer"* es una fase importante de la *"escritura"*, porque cuanto más leemos, más adquirimos y fortalecemos ciertos conceptos. Otra fase importante, fundamental, es la de *"pensar"* en lo que se quiere contar, porque lo mejor para crear una obra de escritura creativa es tener un *"tema"* en el cual basarla, pero, evidentemente, ese tema debe estar pensado, estudiado y elaborado mucho antes de que comience la fase escrita. Por amor de Dios, cuando estás inspirado, muchas veces, las palabras fluyen espontáneamente de la mente y crean instantáneamente algo verdaderamente notable, pero esta misma situación inspirada puede ser ayudada significativamente para que sea lo más rentable posible, si ya tenemos un tema pensado y estudiado en que basarnos, porque sabemos, por ejemplo, cuál es el final de nuestra historia y a qué punto de la historia debe conducir lo que estamos escribiendo en aquel momento concreto. Claramente, un tema concebido al principio puede fácilmente modificarse durante la redacción del propio ensayo, porque nos damos cuenta de que los acontecimientos que hemos descrito podrían conducir a algo diferente a lo planeado, o simplemente tenemos la iluminación de una nueva idea que encaja perfectamente con lo que queremos contar, que puede ser la inserción de un personaje, describir un nuevo evento, un giro argumental, etc. Sin embargo, independientemente de todo esto, *"escribir"* en realidad también es dedicar tiempo simplemente a pensar en lo que queremos contar y cómo hacerlo para que nuestra historia sea lo más convincente y legible posible. Yo mismo, volviendo al sistema de como se puede intentar encontrar inspiración, paso mucho tiempo caminando mientras escucho cierta música en mi reproductor MP3, imaginando diversas escenas y temas que podrían ser adecuados para el proyecto que quiero crear. Créame, ¡pensar realmente ayuda mucho! Junto a *"pensar"*, y en cierto modo una consecuencia normal y natural de ello, está el *"planificar"*, porque después de haber pasado algún tiempo devanando los sesos sobre qué es lo mejor para el libro y cualquier idea nueva, también tenemos que decidir cómo juntar estas ideas y utilizarlas; Lo que quiero decir es pensar a:

¿Inserto ese nuevo personaje en este o en algún otro punto de la historia? Esa escena que pensé podría ser identificativa para explicar la trama, ¿está bien al principio o tal vez la inserte más adelante o tal vez incluso al final?

A ver, la planificación sirve precisamente para decidir la mejor manera de llevar a cabo todo el trabajo y los métodos que necesitamos seguir, de modo que nuestra historia conserve el hilo lógico adecuado desde la primera palabra escrita hasta la última, decidiendo la correcta sucesión de acontecimientos.
Otra cosa importante para escribir bien es *"hablar"*... sí... *"hablar"*, porque discutiendo con alguien podemos obtener algunas ideas nuevas, aunque no necesariamente estemos hablando de nuestra historia, porque tal vez, dialogando con amigos o conocidos podríamos escuchar y aprender algo muy interesante que podríamos utilizar en el cuento que estamos escribiendo. Otro aspecto de "conversar" es pedir consejo, posiblemente a alguien que se piensa que sea capaz de darnos consejos adecuados sobre lo que hemos escrito hasta ese momento o quizás sobre lo que nos gustaría escribir en el futuro, intentando de no ser susceptibles si nos oímos decir que nuestra idea básica no parece muy interesante, porque debemos poder aceptar tanto las críticas negativas como las positivas. En este caso, si recibimos un consejo que creemos que no es útil, nadie nos obliga a seguirlo, entonces seguimos

siendo libres de continuar con nuestra idea original. Sin embargo, en cuanto a la crítica y cómo gestionarla, le dedicaremos otro párrafo en el tercer módulo del curso. La última fase que quiero señalar en este párrafo es la *"observación"*, porque mirar a nuestro alrededor y recoger información del mundo que nos rodea puede ser una gran fuente de inspiración de la que se pueden extraer muchas ideas nuevas y se puede comprobar la realidad. El desarrollo de algo de lo que nos gustaría hablar en la historia, pero sobre lo que no sabemos mucho. Bueno, precisamente en este caso, si queremos describir algo de lo que sabemos poco, entonces necesitamos *"hablar"* con alguien que sepa más que nosotros sobre el tema y, obviamente, *"leer"* textos que le expliquen en particular a nosotros; por lo tanto, debemos documentarnos bien, y claramente debemos hacerlo siempre más cuando decidimos de contar algo que tiene un carácter histórico con ciertos datos fácticos a los que debemos ceñirnos, pero esta discusión también se explorará más adelante.

Como espero haber logrado explicar, debe quedar bastante claro que *"escribir"* no es solo el momento en el que nos sentamos frente al ordenador o a una hoja de papel y literalmente hacemos esa acción, sino que en realidad es un trabajo mucho más complejo, compuesto de diferentes fases, todas de igual importancia que luego nos llevan a crear algo que ojalá sea maravilloso.

II
Módulo
-
Ajustes básicos

9
Evite el plagio

¡Poder escribir algo verdaderamente original hoy en día es muy difícil, dado que fuimos precedidos por milenios de literatura de diversos tipos! Esto, sin embargo, no significa que no podamos crear algo bonito que atraiga la atención de nuestros lectores. Depende de nosotros encontrar aquellas peculiaridades que incluir en la historia y que la hacen única y especial. Un error que se comete a menudo durante la redacción del tema, especialmente cuando se está al inicio de la formación de un escritor, es copiar, o más bien plagiar, una historia ya existente, modificándola solo en términos generales. Esto es algo que se <u>DEBE EVITAR TOTALMENTE</u>. Ya hemos visto en los párrafos anteriores cuántos factores interactúan en la redacción de un tema y, posiblemente, inspirarse en algo ya existente está bien, copiarlo <u>¡ABSOLUTAMENTE NO!</u> El plagio es una de las cosas más feas y deplorables que pueden ocurrir a nivel artístico, ya sea en escritura, música, teatro, escultura, pintura, etc.

Tomar el trabajo de otra persona y hacerlo pasar como propio, solo porque cambiamos los nombres de los personajes, el título y el lugar donde se desarrolla, no solo es poco profesional, sino que es algo sórdido y vil. Otra razón por la que plagiar está mal es que si creamos una obra copiada de otra mucho más famosa, no solo el público entenderá que hemos plagiado, sino que seremos sometidos a críticas negativas muy duras porque cualquiera que lea nuestra obra nos comparará con la más famosa y difícilmente habremos conseguido plantar cara al autor original, por lo que habiendo amargado al lector hacia nosotros por el plagio realizado, se deducirá que las opiniones sobre lo que hemos escrito probablemente serán destructivas y degradantes. Sin olvidar que seríamos tildados de plagiadores; que es una huella imborrable que llevaríamos con nosotros.

Como decíamos, inspirarse a una historia, en una trama ya existente, está bien, pero usar esa inspiración para crear algo nuevo, diferente, que realmente pertenece solo a nosotros.

Pongamos un ejemplo práctico:
Digamos que nos inspira una película, o toda la saga "Star Wars" por George Lucas y que nos limitamos a copiar lo ya escrito en los guiones de las películas mencionadas, creando de forma inapropiada "Space Wars" con el Capitán Han Solitude, La princesa Liliana y el maestro místico Jim Landwalker. Quizás no contentos con lo ya copiado, insertamos en la trama a un villano llamado Dark Star al mando de una gigantesca nave espacial cúbica que llamamos "Muerte Galáctica", y en la historia que vamos a contar, no haremos nada que volver a proponer varias escenas similares a la película original que nos inspiró. Bueno... si hiciéramos todo esto, ¡habríamos firmado nuestra "muerte" artística! Soy muy drástico al describir la situación, porque quedaría claro que hemos copiado absolutamente la trama real de *"Star Wars"*, limitándonos a cambiar los nombres de los personajes, la forma de la nave espacial de esférica a cúbica y luego Algunos detalles de las escenas que forman el guión original de la historia.

Si, en cambio, la inspiración obtenida al ver "Star Wars" nos permite crear un mundo nuevo, con nuevos planetas, donde sí habrá batallas intergalácticas, pero en un contexto totalmente diferente al de la película que hemos visto, con nuevos personajes que no tienen nada que ver con Han Solo, la Princesa Leia, Luke Skywalker y Darth Vader... entonces habremos hecho algo nuevo, tal vez no exactamente original, pero nuestro.

Otro ejemplo lo da el mundo de los superhéroes, donde los dos gigantes mundiales, *"Marvel"* y *"DC Comics"*, han producido una cantidad industrial de personajes y ahora crear algo verdaderamente original es muy difícil si te quedas en este campo. En este caso, entre las dos compañías que acabamos de mencionar, hay héroes, o superhéroes, bastante similares que, sin embargo, se han hecho únicos a pesar de que la idea básica es fundamentalmente la misma. Consideremos, por ejemplo, *"Green Arrow"* de DC Comics y *"Hawk Eye"* de Marvel. Estos dos héroes son arqueros muy hábiles que, sin superpoderes especiales, luchan contra el crimen. En sí mismos, tanto Green Arrow como Hawk Eye serían iguales, pero se han hecho diferentes entre ellos mismo porque tienen distintos trasfondos y personajes, aunque claramente estamos realmente ante los límites permitidos; aunque a su vez, la idea básica de estos dos héroes parece estar tomada del aún mayor Robin Hood.

¡Yo mismo me encontré en esta situación, es decir, de crear algo único, en un campo verdaderamente saturado, cuando tuve la idea de crear *"The SharpShooter"*! Quería crear un nuevo superhéroe, pero necesariamente tenía que hacerlo de tal manera que fuera único. Primero quería que fuera un justiciero, pero esto no fue suficiente… ya existen varios justicieros, entre ellos los ya mencionados Green Arrow y Hawkeye, así tenía que ser diferente, único; luego entré al campo esotérico/místico para darle algo particular que lo hiciera destacar de los demás. En virtud de que ya se han utilizado prácticamente todos los superpoderes posibles, de una forma u otra, entonces tuve que usar toda mi imaginación para crear un entorno, un personaje, un mundo y características que a través de las fuerzas mágicas, le dieron al personaje de SharpShooter algo que lo hizo único, a pesar de que él también tiene cosas en común con otros superhéroes, claramente creados décadas antes que mi personaje. Sin embargo, también utilicé esta metodología para crear los demás personajes de la saga, para que cada uno de ellos fuera lo más original posible, como la *"Bruja de Fuego"*, la *"Mantis Religiosa"*, *"Eclipse"*, etc.

Al concluir toda esta hermosa discusión, espero que haya quedado claro que plagiar está mal y al mismo tiempo es totalmente inútil.

10
Espacio y tiempo

Un aspecto muy importante a tener en cuenta y en control mientras escribimos es la continuidad del espacio y del tiempo, como también veremos en el párrafo 14, llamado *"Esbozando el Trasfondo"*. Teniendo en cuenta esta y otras informaciones, lo que podemos hacer es tomar notas de todo lo que escribimos. Estas notas, o apuntes, sirven para comprobar las características de los personajes, las fechas, los acontecimientos que hemos descrito en la historia y etcétera, de manera que estén siempre disponibles y que se puedan consultar siempre cuando sea necesario para hacer referencias correctas.
Ahora nos fijaremos un poco más específicamente en el aspecto inherente al espacio y al tiempo; no solo por la coherencia histórica a la que debe referirse propiamente nuestra novela, si la situamos en un periodo histórico real concreto, sino también por la temporalidad que nosotros mismos hemos creado en la historia que proponemos. Esto hace que tengamos que recordar bien cómo se está evolucionando la trama y por eso las notas tomadas continuamente vienen en nuestra ayuda; para que no cometamos errores triviales y graves que arruinarían el resultado final de nuestros esfuerzos como escritores.
Entremos en detalles y veamos un ejemplo.

Consideremos que tenemos como protagonista a una mujer de 32 años llamada Carla, que en la historia que estamos escribiendo y en el punto donde hemos llegado, acaba de regresar exactamente desde una semana de vacaciones en Francia. En este momento no nos interesa su nombre, ni a qué se dedica, solo que hoy regresó de estas vacaciones de siete días. Digamos que la hacemos reunir con una compañera de trabajo, sea quien sea, y que durante la conversación que mantiene con este colega le dice algo como esto:

"¡Nos divertimos mucho hace tres días en la casa de Marco! Es una pena que no pudieras venir a la oficina al día siguiente por la resaca

que tenías. ¡De hecho, es bueno que Osuna sea pequeña y vivas cerca de mi casa, de lo contrario te habrías perdido!";

Una frase como esta, después de haber hablado de los siete días de vacaciones pasados en Francia, choca claramente en todos los sentidos con la unidad del espacio y del tiempo, porque si nuestra protagonista estuvo fuera de Italia en los últimos siete días, obviamente no puede haberlo hecho. ¡Porque pasaron tres días antes de ese diálogo en particular, en la fiesta de un amigo en Osuna! Entonces, tanto el momento como el lugar del evento que hemos descrito no pueden ser verdaderos.

En el ejemplo descrito utilicé números voluntariamente para que todo fuera más fácil y evidente, pero claramente las cosas se complican cuando escribimos de una manera más seria, y en el párrafo 15 del capítulo 10 de uno de nuestro libro hipotético, tenemos que referirnos a un hecho ocurrido en el segundo párrafo del primer capítulo de la misma historia. Porque aunque seamos nosotros quienes escribimos la historia, todavía es fácil confundirnos y olvidarnos de algo probablemente escrito meses antes, por eso las notas ayudan tanto a ser precisos en estas ocasiones o, en su defecto, debemos tener la santa paciencia que retroceder en el libro y releer lo que escribimos en el punto específico al que nos referimos, para que podamos verificar que no estamos cometiendo un error que invalidaría el espacio y el tiempo de nuestra historia.

Claramente, en el ejemplo que he puesto no hay referentes históricos como los años 90 que mencionaremos en el párrafo 14 de este curso, sino que simplemente se ha sido desarrollada una posible historia virtual, que tiene sus propios tiempos y espacios que necesariamente deben ser respetados para crear un buen producto final.

Veamos ahora, retomando el ejemplo anterior, cómo podría ser idónea y apropiada la frase dicha por la amiga de nuestra protagonista. Consideremos que escribimos que Carla, antes de tomar esa semana de vacaciones en Francia, trabajó sin parar durante unos 2 meses, salvo algunos días esporádicos de enfermedad que no le permitieron presentarse a la oficina. En virtud de esto, entonces, tendría sentido que la frase dicha por la amiga de Carla fuera la siguiente:

"*¡Nos divertimos mucho el mes pasado, aquella noche en la casa de Marco! Es una pena que no pudieras venir a la oficina al día siguiente por la resaca que tenías. ¡De hecho, es bueno que Osuna sea pequeña y vivas cerca de mi casa, de lo contrario te habrías perdido!*";

En este caso, al simplemente cambiar el tiempo de referencia del evento comentado, automáticamente hemos hecho verosímil esa frase, aunque sería conveniente precisar y describir un poco de este evento concreto del que, quizás, no hemos hablado en las páginas anteriores de la historia. Sin embargo, si hubiéramos mencionado algo, entonces también se puede omitir la descripción de lo que pasó, a menos que de repente sea necesario resaltar algo de lo que sucedió en la ocasión de la cual estamos hablando.

11
Documentación histórica

Si por casualidad en el libro se hace referencia a un período histórico específico, o se menciona un evento en particular, entonces necesariamente tendremos que investigar todo lo inherente a ese período o evento, para que podamos reportar noticias reales y no inventadas. Digamos que decidimos ambientar la historia en los Estados Unidos, en el 1800, durante la Guerra Civil. Evidentemente, nadie nos prohíbe inventar nuestros personajes e insertarlos en ese contexto histórico, pero durante el desarrollo de la novela debemos tener en cuenta que seguramente tendremos que hacer referencias al avance de la guerra misma y, por tanto, las informaciones de esta deben que ser precisas. En los siguientes párrafos daremos ejemplos de carácter futbolístico, aquí de carácter político más que cualquier otra cosa, aun de carácter histórico mundial pero, sin embargo, en ambos casos, las referencias a tales ejemplos deben ser exactas, mientras los personajes deben ser plausible (refiriéndose una vez más al citado lema de Manzoni); es decir, personajes que si son inventados, pero que, al mismo tiempo, por concepción histórica, pueden ser factibles, verdaderamente atribuidos al período de nuestra historia. Partiendo de este concepto, si creamos el General John Tarling, independientemente que este hombre lucha por el Sur o el Norte del país, seguramente tendrá que ser de piel blanca, porque en ese momento, lamentablemente, los indios no tenían derechos y fueron tratados como salvajes. En virtud de esto, si escribiéramos que este general era un "piel roja", habríamos insertado un personaje que no podría existir en ese contexto histórico-social.

Sin embargo, se debe respetar la misma cuestión de exactitud de los hechos históricos si situamos la historia en la actualidad, y por alguna razón nos referimos a un determinado evento específico. Debemos asegurarnos que del cual estamos escribiendo, relativo a ese hecho, es objetivamente correcto, sin importar si se trata de un ataque político, un juicio, un evento deportivo, etc. Se debe hacer exactamente lo mismo si nos referimos, aunque sea solo a un posible personaje histórico que mencionamos en la historia.

Daré algunos ejemplos donde explico mejor a lo que me refiero. Yo mismo antes, aunque se trata de un texto educativo y no de una novela, cité una frase de Alessandro Manzoni que explica cómo montar una buena historia. Si hubiera atribuido esa frase a Giacomo Leopardi, habría cometido un grave error. Otro ejemplo de error es si escribimos algo como:

"*¡Eran principios del siglo XX, cuando grandes poetas como Homero y Dante Alighieri competían por el papel del escritor más importante del momento!*"

Claramente, habríamos escrito una doble estupidez, porque tanto Homero como Dante vivieron siglos antes del siglo XX y en dos épocas muy distintas y separadas.

En cambio, es posible interactuar con un personaje histórico, a través de eventos, diálogos y acciones entre nuestros personajes y los que realmente existieron, cuidando siempre de ceñirse a las fechas que les conciernen.
Digamos que ambientamos la historia en la Roma imperial, tal vez en la época de Julio César, y uno o más personajes de la novela interactúan con él:

"*Septimius solía asistir a los simposios celebrados por el gran Julio César, a quien a menudo le encantaba pasar tiempo después de esas apariciones públicas con Septimius mismo y algunos otros amigos de confianza, incluido el hijo Bruto*".

Cualquier diálogo personal entre los personajes y los históricos también está bien, pero obviamente siempre deben seguir las reglas que indicamos antes. Quizás, considerando el periodo histórico real en el cual hemos ambientado el cuento, podamos poner una historia que se desarrolle en un periodo de tiempo concreto y que pueda encajar bien entre dos grandes acontecimientos que marcan la vida de ese personaje histórico con el cual queremos interactuar; por lo que si seguimos con el ejemplo de Julio César, podríamos crear una historia que transcurra entre su nombramiento como Cónsul, hasta poco antes de su ascenso como dictador del Imperio Romano.

Cabe señalar que muchas veces, para evitar posibles manipulaciones políticas y la necesidad de obtener determinadas autorizaciones, se inventan los personajes políticos y "famosos" de nuestro mundo virtual también. Entonces, aun si el presidente de los Estados Unidos en 1990 fuera Ronald Reagan, la historia probablemente inventará un nombre para un presidente que no existe. Otro truco que se suele utilizar es que intentamos evitar dar como referencia un año concreto, esperando que la historia sea lo más actual posible para los años venideros. En este caso, yo mismo lo hice en la saga de "The SharpShooter", donde inventé los nombres de los políticos, de los posibles involucrados en la historia, del actual Papa de ese mundo virtual, de sus antecesores más cercanos y, es más, no cito años concretos para referirme.

Este problema de unidad del tiempo histórico no surge si inventamos un mundo de fantasía donde nosotros vamos escribiendo las reglas y la historia, incluso si fuera una era pasada o una era futura de la que no puede haber certeza, porque todo depende de lo que podemos inventar, y nadie nos lo puede negar; sin embargo, debemos tener cuidado de seguir las reglas falsas y cualquier memoria histórica que nosotros mismos hayamos creado para ese período imaginario.

12
El lenguaje

Un aspecto que no debemos olvidar de evaluar es el tipo de lenguaje que utilizaremos durante nuestra historia. ¿Qué significa? La forma que usamos para escribir es exactamente la misma que usamos cuando hablamos con alguien, es decir, si hablamos con un adulto usamos un lenguaje complejo, pero si le explicamos algo a un niño, ciertamente usamos palabras y formas que son mucho más simples del ejemplo anterior; mucho más si nos encontramos asistiendo a una fiesta de alto nivel social, quizás hagamos gala de un vocabulario cortés para causar una buena impresión a los demás invitados, mientras que si nos encontramos en un ambiente de trabajo, probablemente usaremos términos mucho más técnicos de lo que se hace en la vida cotidiana. Bueno, ¡lo mismo sucede cuando escribimos una historia! Como narradores, elegimos un tipo de lenguaje y lo mantenemos durante todo el desarrollo de la historia y en ese tipo de lenguaje se mantendrán las formas particulares de expresarse de los personajes, intentando atribuir a cada uno de ellos su propia forma de hablar.

Otro factor al que hay que prestar atención es el uso de los tiempos verbales, porque un error que suele cometerse es mezclar el presente y el pasado. Dando por sentado que es natural utilizar el tiempo futuro precisamente cuando la historia lo requiere, las otras dos formas suelen confundirse al pasar de una a otra, pero por simple falta de atención o por demasiado cansancio. Es claro que en consecuencia, si decidimos llevar la narración de la historia al presente, deberá permanecer así durante toda su duración, excepto en el caso en que se haga referencia a acontecimientos pasados, vividos por uno o más personajes y que requieren, por tanto, para esa parte, el uso de un tiempo verbal diferente; como un flashback o recuerdo de un hecho ocurrido antes de la historia que estamos contando.

Veamos cómo varía la forma de un mismo concepto, escrito con distintos tipos de lenguaje, pero manteniendo el mismo tiempo verbal básico. En este caso fijamos el periodo al pasado y por necesidad del propio idioma, en la primera versión usaremos el Pretérito Indefinido, mientras que en la otra el Pretérito Perfecto:

"Luigi echó una mano a sus amigos en cuanto se dio cuenta de que su contribución era importante para el éxito del proyecto."

"Luigi ha dado una mano a sus amigos en cuanto ha entendido que su contribución era importante para el éxito del proyecto."

Pasemos, sin embargo, a un lenguaje un poco más complejo:

"Luigi, por iniciativa propia, decidió brindar el apoyo necesario a sus amigos, en el mismo momento en que se dio cuenta de lo fundamental que era para el éxito del proyecto en cuestión."

Como se puede ver, en realidad siempre hemos dicho y expresado el mismo concepto, pero utilizando diferente lenguaje y terminología. Para ser precisos, en los dos primeros ejemplos el lenguaje era el mismo, solo variaba el tipo de tiempo pasado utilizado; en el tercer ejemplo, sin embargo, hemos mantenido el pasado remoto del primer caso, pero lo enriquecimos con una terminología mucho más compleja, útil para conformarse a las historias, o al menos la forma de hablar de los personajes ambientados en épocas históricas especificas bastante distantes en el tiempo, aplicables en su mayoría de manera indicativa desde el año 1000 hasta principios del siglo XX.

Además, hay que señalar que la elección de un idioma adecuado también se aplica si se quiere caracterizar determinados personajes. Si incluimos en la historia a un pescadero de Málaga o Almería, o en todos los dos casos ciudades de Andalucía, será conveniente informarnos y escribir las frases que le pertenecen en dialecto andaluz; al igual que, por otro lado, si ambientamos la historia en Barcelona, será igualmente factible insertar varias frases en catalán y así sucesivamente para cada dialecto o idioma. Entendiendo que si se conoce una determinada manera de decir o de hacer, incluso de culturas extranjeras, entonces será apropiado utilizar este conocimiento en el idioma utilizado por ese personaje en particular, caracterizándolo lo más posible. Un pequeño ejemplo es la forma de comportarse en la cultura rusa, donde la gente suele llamar a los demás por su nombre y apellido en muchas ocasiones. Veamos una breve frase comparativa dicha por un personaje italiano y luego dicha por un personaje ruso.

Frase del personaje italiano: *"¡Hola Francisco, Miguel te busca!";*

Frase del personaje ruso: *"¡Hola Francisco Muñoz, Miguel Villa te está buscando!";*

La inclusión del apellido es algo pequeño, pero da esa sensación de caracterización de ese personaje a medida para la evolución de la historia.

III
Módulo
-
Crear la historia

13
Tema y género

Comenzamos el tercer módulo del curso hablando de qué hacer cuando decidimos escribir una historia. Bueno, en principio, antes de sentarnos en frente a nuestro hermoso ordenador y escribir, como decíamos en el punto 8 anterior, habría que haber pensado qué queremos contar, a qué tipo de público queremos llegar y a qué queremos comunicar a nuestros lectores. Todo esto se traduce en la elección de un *"tema"*, es decir, de una serie de componentes que, si se deciden a su debido tiempo, durante la fase de reflexión en busca de ideas para la historia, nos ayudarán, a medida que avancemos, a mejorar el desarrollo de la historia. El tema, por tanto, se compone de varias partes, entre ellas la elección de cuántos y cuáles protagonistas debe haber y luego el escenario de la historia, eligiendo ciudades, lugares varios, acontecimientos, época histórica, y otras cosas así... todas informaciones muy importantes que nos ayudan a esbozar el trasfondo de la historia al cual, aunque sea indirectamente, siempre tendremos que ceñirnos durante la narración para obtener un trabajo coherente con todas sus partes. Otra cosa fundamental es la elección del género, es decir: ¿será nuestra historia una novela romántica? ¿Un drama? ¿Un thriller? ¿Un horror? ¿Una historia de detectives? Etc.
Todas estas elecciones básicas son fundamentales, al menos para empezar a escribir nuestra obra, porque luego, a medida que evoluciona la historia, nada nos impide mover todo de un lugar a otro, insertar y cambiar personajes; pero todo debe hacerse de forma lógica y coherente con el tema básico que estamos desarrollando.

Veamos algunos ejemplos prácticos. Digamos que hemos decidido escribir una historia romántica (género) y que los protagonistas deben ser un tal Miguel y una chica llamada Francisca, que viven en Madrid (lugar donde se desarrolla la historia). Si en un determinado momento queremos trasladar la historia a Londres, podemos hacerlo, pero tenemos que justificar el cambio de ubicación ante los ojos de los lectores, porque no podemos ir así de un lugar a otro, como si no hubiera pasado nada! Por tanto, si nuestra historia encuentra un mejor desarrollo en la ciudad británica, tendremos que escribir una especie de conexión que traslade la historia desde España a Inglaterra. La "conexión", tal como la estamos definiendo, puede estar dada por un párrafo completo, así como por una simple oración como:

"Una mañana, de repente, Miguel recibió la noticia, a través de su propio jefe, de que lo habían trasladado a la sucursal de Londres.";

A ver, esta simple frase es suficiente para justificar un determinado cambio de lugar donde se desarrollan los hechos. Como ya hemos comentado, podemos justificar este cambio, incluso de forma más amplia, escribiendo un párrafo entero o parte de él, donde se explique algo que nos alejará de la capital española para llegar a la inglesa. Lo importante es que lo que se escriba sea inherente a la trama y ayude a su desarrollo.

Además de esto, hay que tener en cuenta que el hecho de que la historia se desarrolle en Madrid es solo una parte del trasfondo que necesitamos, porque también tenemos que decidir qué hacen los protagonistas y en qué contexto se encuentran tratándose el uno con el otro. Es decir: el trabajo que hacen, o si están desempleados, el entorno en el que habitualmente se encuentran; como una casa, un lugar, el lugar de trabajo y de qué tipo es, sin olvidar que también debemos detallar si nuestros amantes ya se conocen al inicio de la historia, si están casados, prometidos o si se conocerán durante el desarrollo de la historia.

Volvamos por un momento al hecho que decidimos, en el ejemplo, ambientar la historia en Madrid y luego trasladarla a Londres, justificando adecuadamente el cambio de ubicación. Bueno, esta decisión forma parte de un borrador básico, digamos, pero en realidad nadie nos prohíbe que la historia se desarrolle en dos, tres o más lugares al mismo tiempo. Lo importante es que las unidades de "espacio" y "tiempo" estén debidamente justificadas, cuidando de respetar las acciones realizadas, no solo los lugares donde se desarrollan, sino también los tiempos, como se explica en el párrafo dedicado a este factor.

Otro aspecto que necesitamos considerar, está representado por los personajes secundarios que necesariamente deben estar presentes en la historia y decidir, para cada uno de ellos, sus características personales; algo que veremos en el párrafo 17 dedicado a la estructura de los personajes individuales.

Cuando se decide el tema de la historia, a menudo se decide el punto hasta el que debe llegar la historia, pero no siempre es así; porque no es obligatorio haber pensado ya en un posible final cuando hemos "pensado" el tema, porque muchas veces podemos tener una idea básica que fácilmente puede cambiar a medida que escribimos; o a veces cuando tenemos suficiente dominio de la escritura, e imaginación para aplicarla, se puede empezar a escribir y decidir durante el desarrollo de la propia historia, cuál será el final más adecuado. Sin embargo, solo recomiendo esta última opción a escritores más experimentados, porque tener ya el final en mente es importante; de lo contrario, si no estás acostumbrado a "improvisar" mientras escribes, esta elección puede resultar perjudicial.

Todo esto y cualquier otra indicación básica que podamos dar, sirve para crear el trasfondo de nuestra historia, ayudando al lector a hacerse una idea más correcta y completa de lo que le estamos contando, facilitándole la comprensión del texto.

14
Estructurar el background

Hablamos de que una buena historia debe estar compuesta por diferentes partes y una de ellas es el background de la historia, es decir, el *"trasfondo"* en el que se desarrolla todo. Este trasfondo no solo viene dado por el lugar, o lugares, donde se desarrolla la historia, sino también por el período histórico que creemos más adecuado para ella y por todo el entorno que rodea a los personajes que queremos utilizar; es decir que esta ambientación debe ir acorde con el tipo de vida que hemos decidido asignar a los personajes, evidentemente con mayor atención a los protagonistas de la historia. Paradójicamente, los personajes secundarios también forman parte del fondo y deben tener conexiones coherentes y lógicas con los protagonistas. Lo que se acaba de decir se aplica para todo lo que conforma una historia, porque todo lo que describimos debe seguir un cierto hilo lógico, donde haya coherencia con el resto de las componentes que forman el mundo inventado que hemos creado. Veamos a través de algunos ejemplos a qué me refiero.

Digamos que en este caso el protagonista de nuestra historia es uno solo y que quizás sea un Oficial de policía de Sevilla. Evidentemente, en este momento damos por sentado que tenemos bien perfiladas las características del personaje principal, o al menos, las más importantes que tenemos asociadas a él han sido decididas, por lo tanto, también en virtud de estos atributos podemos intentar crear un trasfondo que vaya bien con el tema de la historia y ayude a darle sentido a la trama. Volvamos a nuestro oficial de policía, que podría ser un simple agente en su segundo o tercer año de servicio, lo que lógicamente nos llevaría a pensar que es bastante joven y a dar una comparación objetiva con la realidad, si ya no sabemos de nosotros mismos, necesitaríamos hacer una pequeña y breve investigación para ver cuánto tiempo puede durar la academia de policía y en consecuencia, darnos cuenta de la edad que podría tener el protagonista. Ahora, por simple comodidad, digamos que tiene alrededor de 23 años, que se llama Juan y que trabaja en la policía de tráfico rodado. Ya con esta información, es natural perfilar como lugares de acción del personaje, un cuartel, las calles de la ciudad y luego, siendo muy joven, algún lugar de ocio donde se reúne con amigos, es decir, algunos de los personajes secundarios de la historia, entre los que, quizás, podamos decidir elegir uno que esté más presente, como el mejor amigo de Juan. También debemos centrarnos por un momento en los lugares de ocio de Juan, porque, si bien algunos pueden insertarse de forma genérica, otros deben ser específicos, en función del carácter del protagonista, por lo que si decimos que Juan es un apasionado de música, tendrá sentido que normalmente vaya a visitar algunas tabernas o discotecas. Esto no quiere decir que es prohibido decir que Juan va a una librería en alguna escena; lo importante es que sea algo adecuado a sus características y/o al trabajo que hace, porque quizás, además de música, le guste leer de vez en cuando; ya que quizás sea plausible que vaya allí por trabajo o simplemente para visitar a un amigo que trabaja allí. Si, en cambio, dijéramos que su única pasión es el fútbol y que además es un poco tacaño y utiliza el dinero solo para las cosas que realmente ama, entonces no tendría sentido escribir que fue a un concierto de un grupo de rock gastando 150 euros por el billete.

Además de lo que se acaba de escribir, hay que tener en cuenta el período histórico en el cual nos situamos, siendo conscientes que si no utilizamos la época contemporánea, sino una época más antigua, entonces debemos informarnos sobre ciertos aspectos del período que queremos usar, para evitar escribir tonterías inexactas que con razón molestarían a cualquiera que pudiera conocer bien ese período. Digamos que Juan vive en los años 90 y que en una escena de la historia, está de guardia en el estadio "Ramón Sánchez Pizjuán" de Sevilla, durante un partido del Betis y por alguna razón queremos subrayar el hecho de que conoció a un campeón de la época. Durante este episodio, Juan consigue un autógrafo de este futbolista y, casualmente, de ese encuentro nace una hermosa amistad. Nadie nos lo prohíbe, pero si queremos incluir a este campeón deportivo en la novela, debemos asegurarnos de utilizar el nombre de un futbolista que realmente jugó en el Betis en esa época y, lo que no hay que subestimar, necesitamos la posible autorización para utilizar a una persona famosa como personaje. Sin embargo, si solo queremos escribir sobre la ocasión casual en la que este campeón firmó el autógrafo, entonces podemos citarlo sin problemas.

Bien, volvamos ahora a la evidencia histórica que debe ser verdadero; Entonces, si en la historia escribimos que Juan tenía un autógrafo de Gabriel Calderón, histórico jugador del Real Betis entre los años 1983 y 1987, entonces hemos escrito correctamente un hecho plausible. Sin embargo, si escribimos que fue Joaquín quien firmó ese autógrafo, que jugó en el Betis de Sevilla a partir del 2000, entonces estamos cometiendo un error muy grave. Sin embargo, veremos, en el párrafo específico, la importancia de respetar la información histórica del período en el cual situamos lo que escribimos.

Además de lo dicho, para nuestro background, también debemos considerar qué tipo de carácter hemos decidido darle a Juan, qué tipo de relación tiene con sus padres, suponiendo que los tenga; qué situación vive la ciudad o el país, si está comprometido o casado y qué debe suceder en la historia; porque tenemos que ponerlo en un contexto en el cual, lo que tiene que hacer para lograr algo que sirva al desarrollo de la historia sea plausible, entonces también debemos intentar ser coherentes con el género que hemos elegido.

En definitiva, todo… y absolutamente todo, sirve de trasfondo a la novela: el lugar donde se encuentra el protagonista, su vida privada, la situación política, los lugares que frecuenta, los personajes secundarios, los vicios, las virtudes, paisajes, estados de ánimo, etc.

15
Describir los ambientes

Una parte importante de cualquier tipo de historia que escribimos es la descripción de los ambientes donde se desarrollan las acciones. En virtud de esto, no importa en qué tipo de historia estamos trabajando y cuál sea su temática, porque la descripción de los ambientes, paisajes y lugares siempre ayuda al lector a sumergirse mejor en lo que le estamos proponiendo y al imaginar cómo se están desarrollando los hechos. No es obligatorio describir todo detalladamente, también porque si se abusa de este recurso, se podría obtener el resultado contrario; es decir, aburrir al público dificultando la lectura y corriendo el grave riesgo de volverse aburrido. Una buena descripción, sin embargo, cuando nos parece más adecuada, da una buena impresión, mientras que en otros casos basta describir la situación en términos generales, lo que debería ser suficiente para transmitir la idea. Muchas veces, una bonita descripción más sustanciosa, en mi opinión, nos viene bien al inicio de un libro, donde introducimos no solo el lugar, sino también el entorno general donde está a punto de desarrollarse la primera página de nuestra historia.

Tomemos dos ejemplos donde describimos el mismo paisaje y entorno.

Empecemos con una descripción que en mi opinión puede ser más que buena:

"Era un caluroso día de agosto en Roma, con mucha gente paseando entre los numerosos monumentos de la majestuosa capital italiana, que fue también la capital del mundo, como dicen. Entre el canto de algunos pájaros, felices de disfrutar del buen tiempo a la sombra de los Sette Colli, ¡dos niños jugaban a la pelota con su abuelo sobre la hierba de un prado cerca del Foro Itálico!"

Pasemos ahora a una descripción menos armoniosa, basándose en la anterior:

"Era un caluroso día de agosto en Roma. La temperatura superaba los 30 grados y muchas personas paseaban solo en traje de baño entre los numerosos monumentos de la majestuosa capital italiana, que también fue la capital del mundo, como dicen. La gente paseaba por el Coliseo, el Circo Máximo, la famosa Piazza di Spagna hasta llegar al Altare della Patria. Entre el canto de algunas aves de distintas especies, entre ellas gorriones, canarios, jilgueros y diversos loros; todos muy felices de disfrutar del buen tiempo a la sombra de los Sette Colli, dos niños, uno de siete años y el otro que solo tenía poco más de cinco, jugaban con el balón de fútbol junto a su abuelo materno, sobre la hierba de un prado cercano el Foro Itálico. Más precisamente, a unos cincuenta metros de las pistas de tenis que cada año dan vida a los famosos Internacionales de Italia."

En la segunda descripción, mucho más sustanciosa y sustancial que la primera, como habrás notado, nos perdemos en la abundancia de información dada, gran parte de ellas casi inútil, creando una especie de aburrimiento que también nos hace perder el hilo de la discusión y, más aún, la armonía del tiempo. Es posible que alguna información, tal vez añadida individualmente, podría estar bien lo que escribimos, pero insertada toda en una vez solo hace que se pierda el impacto positivo que esta descripción tiene en el primer ejemplo utilizado.

Veamos cómo podría llegar a un término medio aceptable entre las dos descripciones anteriores:

"Era un caluroso día de agosto en Roma. La temperatura superaba los 30 grados y muchas personas en las calles vestían solo trajes de baño mientras paseaban entre los numerosos monumentos de la majestuosa capital italiana, que también fue la capital del mundo, como dicen. Entre el canto de algunos pájaros de diferentes especies, todos muy felices de disfrutar del hermoso clima a la sombra de los Sette Colli, dos niños, uno de siete años y el otro de poco más de cinco, jugaban con un balón de fútbol juntos con su abuelo materno, sobre el césped adyacente al Foro Itálico, lugar que cada año da vida a los famosos Internacionales de Italia de tenis".

En esta tercera versión, hemos enriquecido el texto del primer ejemplo con alguna información que también ayuda a dar una mejor idea del lugar, sin embargo, hemos evitado utilizar listas de lugares, monumentos y especies de aves, que objetivamente hacen la lectura más agotadora y, por otro lado, también eliminamos la métrica específica que indicaba la distancia exacta entre el césped donde juegan los niños y el Foro Itálico. En cambio, hemos mantenido la edad de los dos niños y la descripción que especifica que el abuelo con el que juegan es el materno, pero si estos tres personajes no son relevantes para la trama y no estarán involucrados en alguna acción que estamos a punto de decir, objetivamente, esta información también se puede omitir con seguridad, como lo hicimos en la primera versión de la descripción.

Mucho mejor, como se mencionó anteriormente, es una descripción más sucinta que de alguna manera transmita la idea y no distraiga al lector desde la acción que estamos describiendo, si hubiera una como la siguiente:

"El camino estaba semidesierto, mientras el fugitivo corría sin rumbo bajo la luz de la luna, de una noche sin estrellas y sin nadie que pudiera ayudar aquel hombre desesperado en busca de libertad, en un camino rural con pocos árboles a sus costados."

En este caso, como se puede observar, la descripción del entorno es casi parcial, pero lo poco que se dice da una idea de dónde se encuentra el personaje de la escena y qué está haciendo.

Por lo tanto, depende de nosotros comprender, de vez en cuando, cuantos descriptivos debemos ser para que la historia sea lo más fluida e interesante posible.

16
Los nombres de los personajes

Puede parecer inútil, pero dedicar unas líneas a cómo elegir los nombres y apellidos de los personajes es importante para cualquier historia que estamos escribiendo, ya sea una novela corta, un guion de teatro, de cine o un guion para una serie de televisión. Teniendo fe en el lugar de origen de los personajes que queremos introducir en la historia y también en la época histórica en la que la basamos, o parte de ella, como flashbacks o simples recuerdos, debemos permanecer con miras a que todo sea lo más plausible posible y aceptable para los lectores.

Evidentemente, no podemos ser expertos en los nombres de personas utilizados en cada nación y época histórica, pero hoy en día, a través de Internet, basta realizar una breve búsqueda para encontrar las informaciones que necesitamos.

Digamos que uno de nuestros personajes es italiano, mientras que otro es español. Respecto al personaje italiano no deberíamos tener problema en encontrar un nombre y para este ejemplo lo llamaremos Giuseppe Rossi, un clásico, mientras que para el español un nombre que podría ser adecuado podría ser Francisco Sánchez. Si en su lugar tuviéramos que utilizar un carácter ruso, un nombre muy utilizado sería Igor o Ivan. En este caso, también podemos utilizar nombres o apellidos que no sean estrictamente comunes en esa zona geográfica elegida, pero en este caso lo adecuado sería justificarlo con algún origen concreto. Por ejemplo, si el personaje es italiano lo llamamos Radu, sería mejor crear un origen rumano de uno de los dos padres o en todo caso de algún pariente cercano del presente o del pasado, como tíos, bisabuelos, etc. Otro método para justificar un nombre que no concuerda con la zona geográfica del personaje es utilizar el enlace a algún personaje famoso de la actualidad o de la historia, como por ejemplo: Michael es francés, pero se llama así porque su padre es un gran ¡Fan de Michael Schumacher, el gran piloto alemán de Fórmula 1!

Los ejemplos dados para los nombres, obviamente, también se aplican a los apellidos, por lo que debemos justificar de alguna manera plausible, incluso un escocés llamado Scott Forlani, que indica un origen italiano del apellido, o quizás un Tim Mignolet que hace pensar en un apellido francés, como realmente es. En cuanto a los apellidos, sin embargo, debemos señalar que tales disertaciones geográficas solo pueden justificarse por el origen familiar, a pesar de las otras opciones que podemos utilizar para los nombres propios.

La coherencia de los nombres, como ya se ve en un ejemplo del párrafo 10 dedicado al espacio y al tiempo, también sirve para situar bien a un personaje en la época histórica adecuada que estamos describiendo. Precisamente en el ejemplo del párrafo que acabamos de citar, utilizamos un personaje llamado Septimio, porque lo insertamos en la época de la antigua Roma, en la época de Julio César. Si lo hubiésemos llamado Piersilvio, no habría tenido sentido para aquellos tiempos.

Volvamos al ejemplo del personaje italiano que pusimos al principio del párrafo, es decir, Giuseppe Rossi. Este nombre es muy genérico y lo que vale tanto para Italia como para cualquier otro país es que quizás hay zonas donde se usa más un nombre que otros y ciertos apellidos son más comunes, como Ciro y Gennaro por ejemplo son nombres más usados en la región Campania, principalmente en Nápoles, mientras que Famà y Bombaci son apellidos comunes en Messina, en la isla de la Sicilia. En virtud de esto, si conocemos bien alguna zona geográfica concreta, o encontramos la información adecuada, entonces podremos utilizar nombres y apellidos aún más relevantes para los personajes que queramos crear; así que si nuestro personaje fuera napolitano, quizás, en lugar de llamarlo Giuseppe Rossi, sería más apropiado llamarlo Ciro Esposito.

Los nombres correctos dan mucha más credibilidad a los personajes, porque si usamos el nombre incorrecto, sonará extraño en la mente del lector mientras dure la historia.

17
Estructurar los personajes

Lo más importante y al mismo tiempo más difícil cuando creamos una historia es inventar personajes adecuados y a estos hay que dotarlos de características bien definidas y distintas entre de ellos. El carácter, las formas de hacer y decir de cada uno de nuestros personajes siempre deben ser consistentes durante toda la historia, a menos que nosotros mismos insertemos, en un momento determinado, un trauma o evento que modifique drásticamente el comportamiento, pero a partir de ese momento sobre el personaje habrá que seguir las nuevas pautas que le hemos asociado. De todos modos, ¡por ahora pensemos de forma básica! Todavía estamos en la fase en que estamos "planificando", en nuestra mente, cómo deben ser los protagonistas y personajes secundarios, por lo que tenemos que decidir los nombres, las características físicas (qué altura deben tener, el color del pelo, ojos, complexión, etc.), si trabaja, estudia y en el caso positivo de alguna de estas opciones, a qué trabajo o estudios cursa o si simplemente está desempleado. Además de esto, debemos recordar, si ya tenemos decidido, el trasfondo que hemos elegido para la historia, luego insertar a los personajes adecuadamente en ese contexto, recordando que para cada uno de ellos, o al menos para los principales, es necesario crear su propio fondo personal como ya se mencionó en los párrafos anteriores; por tanto, de qué familia proviene, otros lugares de origen, acontecimientos que han marcado su vida en el pasado, etc. De esta manera podremos delinear claramente el carácter de los personajes y luego explicarlo de una manera adecuada a los lectores. Ciertas cosas, inherentes al trasfondo personal, no necesariamente tienen que ser descritas inmediatamente en la historia, sino que también pueden revelarse de vez en cuando para crear una especie de interés en el lector, para que avance en la historia, para descubrir siempre más cosas sobre el libro que le estamos proponiendo.

Algo importante que debemos hacer para cada personaje que creemos es hacer un pequeño espejo, como ya comentamos al principio del curso, un informe que nos servirá como recordatorio, para que en caso de necesidad se pueda consultar para recordar alguno dato que, quizás con el tiempo, puede haber quedado en el olvido, como que ese personaje tiene ojos verdes, o que entre los 15 y los 19 años vivió en Rusia. Dicho así, parece banal, pero os puedo asegurar que a medida que aumenten los personajes de la historia, este espejo será cada vez más útil.

Sí, porque además de los personajes creados al principio, cuando planificamos la historia, puede suceder a medida que la historia evoluciona, que pensemos en insertar algún personaje nuevo, o tal vez "promocionar" uno extra usado previamente y que ahora lo ponemos como personaje secundario y que lo encontraremos de vez en cuando en la historia, o incluso lo convertiremos en un nuevo personaje principal.

En virtud de toda la información diversa que nosotros mismos crearemos, tener una especie de resumen siempre es muy útil.

Hablemos ahora de la coherencia que tendrán que tener los personajes durante el desarrollo de la historia y en consecuencia, el espejo resumen vendrá en nuestra ayuda en muchos casos.

Digamos que escribimos una novela fantástica y, por tanto, hemos inventado muchos lugares que en realidad no existen. Decidimos darle a la protagonista de la historia el nombre de Margot y que venga desde el planeta Kluk, mientras normalmente la acompaña una querida amiga suya llamada Lara, que viene desde el planeta Torren; un lugar en el que, por elección nuestra, todos los habitantes tienen la piel amarilla.

Quizás suceda, por alguna razón, después de haber escrito más de 200 páginas de la novela, que, en cierto momento, decidamos que la familia de Lara se vaya a visitar a ella y a Margot, así que describimos la escena:

"Finalmente, llegó el día en que la familia de Lara vino a visitarla. Margot estaba allí para hacer compañía a su amiga y conocer, después de mucho tiempo, a las personas de las que tanto había oído hablar. Cuando los padres de Lara y su hermano menor llamaron a la puerta, la chica de Torren la abrió, provocando una pequeña sonrisa apareciera en el rostro de su amiga, tan pronto como vio esa pequeña pared verde en la puerta principal."

Dando por sentado que al inicio de esta historia se especificaba el color clásico de los habitantes de Torren, cuando se presenta el personaje de Lara se intuye que después de muchos meses de trabajo y, quizás, de ye no haber mencionado el color de la piel de esa raza, fácilmente puede suceder que olvidemos cuál era el color correcto que habíamos atribuido a los habitantes del planeta de Torren. Como se puede notar, en el ejemplo escrito, indicamos a la familia de Lara como un "muro verde" en virtud de su color de piel; Entonces, claramente, cometimos un error que tal vez no vimos cuando lo escribimos, pero que luego es necesario señalar durante la revisión. Lo correcto al escribir, dado que vamos a dar una indicación muy específica, sería revisar nuestras notas, observando que en realidad habíamos decidido que el color de piel de la raza de Lara fuera amarillo y no verde. Es evidente que corregiremos el error, sea que lo encontremos mientras escribimos ese párrafo o si lo notamos durante una de las distintas fases de revisión, de modo que el "muro", de verde, volverá a ser amarillo.

Si alguien está pensando que podríamos corregir la descripción de Lara, al principio del libro, cuando la presentamos, cambiando el color de su piel de amarillo a verde, en lugar de hacer la corrección en esa frase donde mencionamos el "muro verde", bueno, no lo recomendamos. Nadie nos prohíbe hacer ese cambio antes, pero es muy peligroso, porque quizás, después de muchas horas y semanas escribiendo y revisando, se nos escape alguna pequeña parte de la trama, donde por alguna razón nos referíamos al color amarillo de la piel de Lara, por lo que si cambiamos la información inicial, correríamos el riesgo de equivocarnos en varias otras frases de la novela. Precisamente, para evitar que suceda algo así, siempre es mejor corregir directamente el punto donde se encuentra el error existente.

Pasemos ahora al carácter de los personajes, que necesariamente debe estar bien delineado y estructurado, para que cada persona del libro tenga su propia identidad.

Al igual que las personas reales, nuestros personajes también tendrán que actuar y reaccionar de forma personal ante los acontecimientos que sucederán durante el desarrollo de la historia, por ello, como primera cosa de hacer debemos tener cuidado de no trasladar demasiado de nosotros mismos y nuestras sensaciones a las reacciones de los propios personajes, porque casi con seguridad, los hombres y mujeres que inventamos tendrán personajes totalmente diferentes a los nuestros. Veamos, un poco más concretamente, a qué me refiero.

Digamos que creamos tres protagonistas: John, Michael y Jennifer. Cada uno de ellos tendrá su propio carácter, sus propias ideas y una filosofía de vida personal. Digamos que John es fuerte, valiente, pero al mismo tiempo arrogante, mientras que Michael es más tranquilo, en sí mismo una persona normal que piensa mucho y reflexiona antes de actuar; Por otro lado, Jennifer es una chica a la que le gusta hablar mucho, pero hace poco y es más, tiende a dramatizar y exagerar sobre todo, asustándose por las pequeñas cosas.

Claramente, estos tres personajes deben reaccionar de manera diferente tanto con palabras como con acciones ante ciertos eventos en virtud de sus propios caracteres, para como debe ser.

Si en la historia que creamos a estas tres personas imaginarias, las hacemos presenciar a una fuerte discusión entre dos novios en la calle, donde el hombre agrede verbalmente a la mujer, dando la impresión que también podría golpearla físicamente de manera impetuosa; luego también debemos describir las reacciones apropiadas por parte de nuestros tres personajes que presencian a esta posible pelea, y lo pueden hacer sean juntos o cada uno solo en lugares diferentes de la plaza donde se desarrolla la discusión de los novios.

Empecemos con John, quien basándose en su carácter fuerte y arrogante, quizás podría comentar:

"¡Pero mira a este tipo! ¿Cómo te atreves a tratar así a una mujer? ¡Tengo que hacer algo!";

Entonces, después de pensar o decir estas palabras en voz alta, decide intervenir físicamente en la discusión de la pareja, intentando detener al hombre y pelear con él.

Michael, quizás, por su parte, también podría pensar algo similar a la opinión de John, al menos en la evaluación de lo que sucede ante sus ojos, pero tal vez no se involucra demasiado, ni comenta en voz alta, manteniendo sus pensamientos consigo mismo y sobre todo, manténgase a una distancia prudencial del conflicto, pero dispuesto a llamar a la policía para que pueda intervenir.

Otra reacción, totalmente distinta, es la de Jennifer, quien al ver el acalorado enfrentamiento entre los dos novios, se queda asombrada mirando por unos momentos, mientras se lleva las manos a la boca en señal de consternación y luego dice en voz alta:

"¡DIOS MÍO! ¡Eso la mata! Ayúdala por el amor de Dios.";

Quizás, después de decir estas palabras, Jennifer, al no poder seguir presenciando lo sucedido, decide alejarse en shock, volviéndose de vez en cuando, impulsada por la curiosidad, a pesar de la intervención de John que, en lo mismo tempo, ha entrado en acción para ayudar a la mujer en la disputa.

En estos tres ejemplos, hemos visto cómo tres personas, fundamentalmente diferentes entre sí, tuvieron reacciones únicas ante un mismo evento; aunque, si te diste cuenta, también hay algunas reacciones comunes, como que todos se pararon a mirar lo que estaba pasando, y siendo los tres personajes, buenas personas, tuvieron reacciones, diferentes entre sí, pero en cualquier caso encaminadas a ayudar o solicitando ayuda hacia la mujer víctima del enfado de su novio.

Para subrayar mejor este último aspecto, insertamos un cuarto personaje que llamaremos Tim; un joven malo de la zona, que ya está enojado por una discusión que había tenido minutos antes con sus padres, quienes con razón lo acusaban de ser egoísta y meterse siempre en problemas. En virtud de estos datos, suponiendo que las acusaciones de los padres de Tim estén realmente bien fundadas, porque reflejan perfectamente el carácter del chico, podemos suponer que Tim camina nervioso debido al enfrentamiento que tuvo con su familia y que pasa rápidamente de la calle donde se desarrolla la dramática discusión entre los dos novios y a diferencia de los otros tres personajes ya descritos, su reacción es pensar en su propia mente:

"*¡Al diablo con él y ella, como mis padres!*";

Luego, sin detenerse, continúa caminando en su camino, alejándose del área del evento; sin importarle cómo pueda desarrollarse realmente la disputa que acabamos de vislumbrar.

En este caso, también debemos recordar incluir cualquier reacción natural que una multitud normal podría o debería tener, ante acciones o eventos que se realicen en contextos públicos, como la pelea que describimos en el ejemplo.

Pensando por un momento en las reacciones que tuvieron los personajes, podemos ver cómo estas eran casi consistentes con su carácter básico. En cambio, no habría tenido total sentido si un tipo como John hubiera salido corriendo asustado, si Michael hubiera actuado completamente indiferente, si Jennifer hubiera intentado golpear al hombre en la discusión o si Tim se hubiera arrojado en medio de la discusión para salvar a la mujer...

En última instancia, también se pueden escribir reacciones inconsistentes, pero deben estar justificadas por causas de fuerza mayor que modifiquen, quizás momentáneamente, el comportamiento y la forma de actuar, como por ejemplo un trauma psicológico que el personaje haya sufrido recientemente en la historia, o en el caos de la fantasía o los cuentos místicos, la intervención de una fuerza mágica que hace que esa persona haga cosas que normalmente no haría, como por ejemplo:

"Mientras Jennifer observaba cómo avanzaba la discusión entre los dos novios, su cabeza sentía como si explotara, porque el hechizo mágico del que había sido víctima hace varias semanas, se estaba apoderando de él. De manera inexplicable, sin siquiera darse cuenta, Jennifer había tomado una botella de vidrio de una mesa de bar cercana y luego la estrelló contra la cabeza del hombre, rompiéndole el cráneo.";

Aquí, tal reacción no pertenece en absoluto al carácter de Jennifer, pero su acción, absolutamente inconsistente con su forma habitual de hacer las cosas, se justifica y, por tanto, se vuelve aceptable por la pequeña explicación de la intervención de ese hechizo mágico que modifica sus acciones, sin que ella se dé cuenta.

Lo último a destacar, pero muy importante, es que a pesar de haber inventado yo mismo esta pequeña historia, de forma extemporánea, y de tener un carácter totalmente diferente a los cuatro personajes descritos, no permití que mi alma interfiriera en las reacciones de las personas que he redactado para los ejemplos de este párrafo.

18
Los diálogos

En cualquier historia, independientemente del género en el que la basemos, los diálogos son muy importantes porque nos dan la posibilidad de entrar en estrecho contacto con el alma de los personajes, quienes, a su vez, con sus palabras nos dan prueba de lo que ha sido descrito anteriormente sobre su forma de hacer las cosas. En virtud de esto, la coherencia del comportamiento de los personajes, como ya se señaló en el párrafo anterior, es fundamental para hacer la lectura cada vez más interesante, pero también para delinear y subrayar aún más las características que los distinguen de los demás individuos presentes en la historia. Evidentemente, cuando escribimos, somos libres de crear monólogos, diálogos entre dos, cuatro o siete personas, no importa el número, aunque cuantos más personajes insertemos, más difícil se vuelve gestionar todo; pero lo cierto es que la cosa principal sigue siendo hacer que cada uno diga y reaccione con sus características específicas, que, subrayo una vez más, serán casi con toda seguridad diferentes de las personales de lo mismo autor.

Además del contenido de los diálogos, es necesario prestar atención a cómo están escritos. En la prosa más auténtica las frases se citan de la siguiente manera:

"Después de mirar con determinación a su jefe, Francesco, dijo: «¡No lo haré por nada del mundo!». Su jefe quedó sorprendido por la respuesta negativa que acababa de recibir y mientras tomaba una copa de vino, le advirtió: «¡Si no lo haces, no conseguirás el ascenso!»"

En las comedias teatrales, o en todo caso en los guiones de diversos tipos, ya sean dramas cinematográficos o televisivos, se utilizan dos métodos para escribir los diálogos y aquellas frases que en la prosa clásica son descripciones del comportamiento del personaje, en el contexto teatral y cinematográfico, se van a convertir en verdaderos y propias acotaciones escénicas.

En este sentido, a nivel de guion tendemos a llevar siempre el tiempo escénico al presente de indicativo. Ahora veamos los dos métodos y el primero es el que personalmente prefiero:

Francesco, después de observar a su jefe, con decisión: *"¡No lo haré por nada del mundo!";*

Su jefe se sorprende por la respuesta negativa que acaba de recibir.

El jefe, mientras bebe una copa de vino, advierte: *"¡Si no lo haces, no conseguirás el ascenso!";*

El segundo método es el siguiente, aunque muy similar, pero implica dividir la hoja en dos columnas. El de la derecha donde se insertan los personajes y acotaciones y luego el de la izquierda con las líneas:

Francisco (después de observar su jefe, con decisión):	¡No lo haré por nada del mundo!
Su jefe se sorprende por la respuesta negativa que acaba de recibir.	
El jefe (mientras bebe una copa de vino):	¡Si no lo haces, no obtendrás la promoción!

En este caso, el abajo firmante mezcla un poco las cosas en sus libros, mezclando el primer método teatral con la narración en prosa, pero permítanme mostrárselo inmediatamente en el siguiente ejemplo.

Volvamos a los cuatro caracteres utilizados en el párrafo número 17, ¿te acuerdas? John fuerte y arrogante, Michael tranquilo y pensativo, Jennifer habladora y melodramática y luego Tim joven y descuidado con los demás:

—

Ya era tarde, mientras el cielo estrellado velaba las almas de aquel pequeño pueblo de Arizona, cuando los cuatro amigos se encontraron en el sótano de Michael, para discutir sentados en círculo sobre viejas sillas de metal oxidadas e iluminadas por una tenue bombilla, centralmente situada, encima de ellos.

Michael, de manera apagada y poco convencida, abrió la discusión: *"Entonces gente, ¿cómo planeamos resolver este asunto?";*

John, resueltamente y mirando a los ojos, por turno, a todos los presentes: *"¡Es simple! ¡Tomaremos lo necesario para arreglarlo todo y dividiremos las tareas!";*

Tim, que no quitaba la vista desde el smartphone con el que jugaba, contestó molesto: *"¡No me importa lo que digas! ¡Solo estás perdiendo el tiempo... además porque no tengo ningún deber hacia nadie y mucho menos hacia ninguno de ustedes!";*

Jennifer se agitó al escuchar las palabras de Tim y respondió sin aliento: *"¡No puedes decir eso! Cada uno de nosotros está involucrado de una forma u otra";* luego, dirigiendo su mirada a Juan, buscando apoyo, prosiguió: *"¡Todos debemos hacer nuestra parte, como dijo Juan!";*

A pesar de las palabras de Jennifer, Tim se levantó sin decir una palabra y abandonó la reunión dando un portazo. La indiferencia de Tim enfureció tanto a John como a Michael, quienes vieron alejarse a su amigo, y propio John comenzó a arremeter contra el "fugitivo", culpable de abandonar a sus amigos en momentos de necesidad.

—

Bueno, hemos visto cómo un diálogo, como un guion teatral, puede insertarse fácilmente en una historia en prosa y, en mi opinión personal, también facilitar al lector el seguimiento del desarrollo de la escena. Otros aspectos a destacar son las frases y actitudes de los personajes individuales, que han mantenido cierta coherencia con su personaje básico y cómo la descripción inicial del entorno es bastante exhaustiva, sin hacer la lectura más pesada y dando la cantidad adecuada de información.

19
Elaborar el prólogo

Como cualquier obra escrita, ya sea un tema, un cuento, un artículo periodístico, una comedia teatral, etc. nuestro libro también necesitará un comienzo. El caso es que cuando se escribe un cuento o una novela, un número aleatorio de líneas básicamente no es suficiente para iniciar e introducir el lector en la historia que vamos a proponer. Independientemente de los distintos ejemplos enumerados anteriormente, el comienzo tenga formas y sistemas diferentes, cuando se trata de un proyecto como una novela, un drama, etc., hablamos principalmente de *"prólogo"*, como en mi querido contexto teatral. Esta fase inicial puede ser más o menos larga y tiende a introducir a nuestros lectores, como ya hemos dicho, en el mundo virtual que hemos creado para ellos, intentando dar las primeras e importantes noticias que puedan ayudar al lector a comprender los acontecimientos iniciales que de lo contrario sonarían bastante extraños; o quizás, el inicio también puede ser un poco más críptico, en manera justa sin exagerar, para que inmediatamente se cree una curiosidad que anime a seguir leyendo. Evidentemente, aunque se dé información sobre la historia, el prólogo no debe excederse en darla, para dejar algo que pueda ser descubierto durante el desarrollo de la novela. Revelar todo inmediatamente sería muy contraproducente.

Por lo tanto, un buen comienzo debe tener el equilibrio adecuado entre la información dada y la que se conserva bien y se utiliza de vez en cuando durante la evolución de la trama.

Entrando en detalles, se suele utilizar, como ocurre en el cine con las panorámicas de lugares y paisajes, para describir con precisión el entorno en el que se desarrollará nuestra historia o un único lugar en el que se desarrollará la primera escena de la historia. En este caso, si describimos un paisaje, no es seguro que vaya a ser reutilizado en el futuro, tal vez solo lo necesitemos para empezar todo; como podría ser un lugar que volvamos a ver más adelante en el tiempo y en más ocasiones. Cuando estemos en esta fase, obviamente nos encontraremos hablando de algún personaje por primera vez, por lo que es bueno y correcto describir bien los roles que empezamos a proponer. Esto no significa que tengamos que hablar inmediatamente del protagonista, o de los protagonistas, pero muy probablemente podríamos insertar alguna persona que realice alguna acción, para que podamos ajustarnos al tipo de descripción que necesitamos realizar, en función de la importancia que tendrá este personaje en la historia, es decir:

- ¿Es un personaje extra que nunca volveremos a ver? ¡Entonces podremos dar fácilmente una descripción breve y parcial!

- ¿Es un personaje del que no volveremos a hablar durante el resto de la novela, pero todavía tiene un valor simbólico importante? Entonces es apropiada una descripción detallada, aunque algo de lo mismo podría revelarse más adelante en la historia si se considera necesario, tal vez con algunas pistas.

- ¿Es protagonista o personaje secundario? La descripción detallada es entonces necesaria, sobre todo a nivel físico, mientras que para ciertas cualidades de los personajes es necesario escribir algo, pero otras se pueden descubrir durante el desarrollo de la historia.

Además de lo dicho, cabe señalar que no necesariamente debe haber una o más personas presentes en el prólogo, sino que además de la descripción del lugar, sigue siendo necesaria una acción, un evento que pasa, aun sin personas involucradas, como puede ocurrir en una historia de terror, una novela de misterio o una novela fantástica, donde podemos inventar un comienzo en el que algo sucede, pero aún así desprovisto, aparente o realmente, de personajes.

Como ya se dijo en algunos párrafos anteriores, muchas veces sucede que por falta de inspiración uno no puede escribir algo decente, o peor aún, no puede escribir nada; por lo tanto, en estas ocasiones puede resultar útil la táctica ilustrada al inicio del curso, es decir, escribir una línea simple que rompa el hielo de esta situación de estancamiento y tal vez, a partir de ahí, se le ocurra algo.

Para concluir, me gustaría repetir que el inicio, o el prólogo si se prefiere, es parte fundamental de la historia porque sirve para captar la atención del lector, para que salte esa chispa que le dé ganas de seguir adelante en la lectura, evitando así que nuestro libro quede apartado en una estantería después de leer solo unas pocas líneas.

20
Mantener el suspenso

Una vez iniciado nuestro *"viaje"*, ya sea un cuento, una comedia teatral o cualquier tipo de obra que estemos creando, debemos seguir adelante y crear la parte central más o menos sustancial de la obra, durante la cual es necesario desgranar la cantidad justa de información sobre el desarrollo de la trama, en la manera más adecuada y cuidadosa posible, para mantener la curiosidad del lector y el suspenso que necesita la historia para quedarse viva en el pasar de las páginas. Por Dios, puede suceder que para explicar una determinada situación o *"conectar"* un evento con otro, sea necesario escribir algo más aburrido y poco interesante, pero es parte del "juego", es decir, no podemos esperar que cada frase que escribimos sea excepcional, entonces no te preocupes que un determinado concepto expresado, después de varias etapas de revisión, todavía te parezca poco atractivo y cautivador, lo importante es que cumpla su deber de permitir la continuación correcta de la historia.

El aspecto importante que necesitamos tener en cuenta durante el desarrollo de los acontecimientos de la historia es seguir intrigando al lector y esto debe suceder manteniendo un hilo lógico sano y la coherencia de los personajes. En este caso, cuando hablamos de dar la información adecuada a los lectores, obviamente no nos referimos que estas deban escribirse como una lista o un informe, sino que debe ser el desarrollo de la trama, de vez en cuando, que lo haga descubrir a través de un evento, una acción o un diálogo entre dos o más personajes que, al interactuar entre sí, sacan a la luz algo importante.

Digamos que estamos contando la historia de un cazador de tesoros llamado Fred, que junto a su asistente Jimmy, se encuentra en África entre las ruinas de una misteriosa ciudad antigua en un bosque no especificado y allí encuentra a un científico que está en este lugar para realizar inspecciones para una universidad de Londres. Quizás hasta ese momento hayamos asegurado que Fred solo sabe que esta ciudad, recién descubierta, es muy particular, pero cuyo origen se desconoce. Veamos qué puede surgir de un breve diálogo entre los tres personajes:

"Fred y Jimmy llegaron, después de horas de caminata, a las antiguas ruinas de esa extraña ciudad nueva, recién descubierta por arqueólogos británicos, mientras el sol africano hacía sentir todo su poder y la jungla complicaba el viaje de los exploradores. Al llegar al lugar cansados, pero hambrientos de conocimientos, Fred y Jimmy quedaron cautivados por la visión de los edificios de la antigua ciudad, tan diferentes de los de las civilizaciones de la misma época histórica a la que deberían pertenecer. Después de dar algunas vueltas, lograron tener una audiencia con el doctor Neil Horst, profesor de la Universidad de Oxford en Londres y jefe de la expedición de esta investigación arqueológica. Recibidos en la tienda del profesor británico, los tres hombres comenzaron a conversar después de sentarse sobre una silla y dos baúles utilizados como sillones improvisados. «¿Qué te trajo aquí?» Preguntó el doctor Horst a sus invitados. «¡El mismo deseo de saber y aprender que le impulsó a realizar esta expedición Doctor!» Respondió Fred, frente a Jimmy quien seguía mirando a su alrededor, observando el avance de las excavaciones. El doctor hizo una especie de mueca de asentimiento, con el hocico bien cubierto por su espeso bigote gris, y luego respondió «Me habían avisado de su probable llegada, pero no estaba seguro de que realmente apareciera.» Fred sonrió levemente y luego dijo «¡No sabe mucho sobre de mí, doctor!», «Lo suficiente» respondió el británico. «¡No quiero hacerle perder el tiempo! Estamos aquí para descubrir si los rumores sobre la ciudad son ciertos.» Dijo Fred. El doctor se levantó y, tras un momento de silencio, exclamó: «¡Verdaderamente, querido señor Fred Logart, parece haber algo extraño!». Al escuchar esa frase, Jimmy despertó de su observación y preguntó con desdén "¿Qué?". Después de volver la cara hacia sus interlocutores, Horst respondió: «Las reliquias y objetos encontrados hasta ahora nunca habían sido vistos antes, así como, por otra parte, los materiales que los componen nunca han sido clasificados por ningún científico previamente.». Fred, muy intrigado, también se levantó y después de haberse puesto cerca al investigador,

dijo: «*Algo que nunca antes había sido visto por ojos humanos. Eso explicaría por qué hay tanto alboroto por estas ruinas.*»"
Bueno, detengámonos aquí por ahora. Hemos visto cómo antes de realizar el diálogo se describió brevemente el lugar y entorno en el que se encuentran nuestros protagonistas, aunque probablemente esta localización merezca una descripción más profunda que, sin embargo, para nuestro ejemplo no necesitamos ahora, aunque sí se puede podrá dar información más o menos importante en las descripciones; Tanto es así que dimos uno, aunque sea esporádico, cuando escribimos que Fred y Jimmy miraron a su alrededor y quedaron impresionados por construcciones poco comunes. En el diálogo entre los tres personajes, queda claro que hay algo muy extraño en las ruinas de la ciudad descubiertas por los arqueólogos y lo que dijo el doctor, luego insinuado por Fred, sugiere algo, pero no afirma nada; es decir, podemos asumir que tal vez sea una ciudad creada por extraterrestres hace siglos, así como quizás, durante el transcurso de la historia, se descubra que los extraterrestres no tuvieron nada que ver con ella y esas ruinas fueron construidas por una particular nación, para esconder una fábrica de armas de nueva generación... así como, otro posible escenario, podríamos adentrarnos en el género de terror, asumiendo que este lugar fue creado por vampiros u hombres lobo. Por lo tanto, según cómo estructuramos el diálogo, creamos interés en la verdadera naturaleza de la ciudad, lo que parece ser bastante claro para el Dr. Horst y Fred, pero ninguno de ellos nos dice su verdadera naturaleza, dejándolo a nuestra tarea de imaginación de descubrirlo. Al hacerlo, los lectores solo tienen que continuar leyendo para conocer las verdades y así descubrir si las ideas que se han formado sobre la naturaleza del lugar sean correctas o incorrectas. A medida que avanza la historia, se proporcionará más información breve que puede confirmar o no una idea ya formulada o que podría llevar al público a dudar que su primera impresión podría ser errónea.

Digamos que unos párrafos después, Fred y Jimmy se encuentran luchando con los túneles de una cueva ubicada en la cordillera de los Andes:

"Fred, con la antorcha en la mano, precedía a Jimmy, iluminando el camino de los dos que parecían cada vez más inquietos entre los estrechos pasadizos de la cueva que exploraban. Después de varios minutos caminando, Fred notó sangre en la pared rocosa a su derecha y una vez que se acercó a la mancha, pudo ver, con la confirmación de su asistente, que había pelos de lobo entre las manchas de sangre fresca y que, sobre todo, también estaba grabado un símbolo ya visto en varias partes de la antigua ciudad descubierta en África."

Por lo descrito hasta aquí, si algún lector hubiera pensado que en los párrafos anteriores de aquel libro hablábamos de extraterrestres, ahora podría cambiar de opinión, porque quizás la pista que acaban de descubrir Fred y Jimmy en aquella cueva nos lleve a pensar podrías estar en frente de una posible comunidad de hombres lobo o algo así.

A partir de este nuevo descubrimiento, renovaremos el interés del lector, quien ahora necesariamente necesitará avanzar para descubrir cuál será la verdad sobre la historia de aquella ciudad.

A pesar de que hemos inventado dos ejemplos extemporáneos, lo cierto es que mantener el suspense de una historia objetivamente no es muy fácil, ¡pero tampoco tan difícil! Solo hay que tener cuidado de medir cuidadosamente las acciones y la información que vamos a dar, para que el público siga interesado y siga leyendo con pasión la historia que le proponemos.

Otra pequeña cosa a destacar de los ejemplos aportados es el hecho de que durante el diálogo entre los dos exploradores y el profesor de Oxford, introdujimos, entre un chiste y otro, una breve información descriptiva sobre el británico; suponiendo que puedan ser suficientes para un personaje que ya no debería aparecer en ningún otro lugar del texto.

21
El giro de la trama

Siguiendo la línea del párrafo anterior, llegamos a la finalización natural del camino de interés por el que hemos conducido a nuestros lectores, ¡lo que se traduce en el clásico *"giro"*! Aclaremos enseguida que no es obligatorio tener uno o más giros por historia, pero sin duda ayudan a subir el nivel de la historia. De manera bastante clásica, el giro debe insertarse al final de la historia, pero no está prohibido hacerlo antes para darle un impulso a la historia y cambiar todo o casi completamente las pautas de la novela, convirtiendo la atención a algo que antes parecía sin importancia o que no se había tenido en cuenta en absoluto.

Seguimos usando el ejemplo de nuestros exploradores al estilo *"Indiana Jones"* y consideramos que hemos llegado al final de la historia en la que inicialmente sugerimos que, tal vez, la antigua civilización que creó aquella extraña ciudad era extraterrestre, luego dimos indicios de que los misteriosos creadores pueden ser hombres lobo. Hacia el final de la historia encontramos a Fred y Jimmy en la siguiente situación:

"Los dos exploradores canadienses, guiados por Fred, llegaron al pie de una especie de templo gigantesco, de cuya puerta, de repente, apareció un ser anormal de formas gigantescas y que se proclamó el príncipe de la dimensión demoníaca, quien anhelaba tomar posesión del planeta Tierra."

Al escribir algo como esto, posiblemente de una manera mucho más detallada que lo que hice en el ejemplo propuesto, se obtiene un giro que sorprende totalmente al lector de lo que podría haber planteado hasta ese momento y que, con suerte, le da nuevo brillo y profundidad al libro que estamos creando. Depende de nosotros entender dónde es mejor dar los giros y las vueltas y hacerlo de forma rentable. Básicamente, el *"giro"* es un acto, o evento totalmente inesperado, que cambia las ideas que el lector ha desarrollado hasta ese momento.

22
El final

Después de haber descrito nuestra historia, llega el momento de hacer acabar doto, escribiendo un final digno de mención y que satisfaga al máximo al lector. Muchas veces, cuando la historia ha sido estructurada previamente a la escritura propiamente dicha, ya sabemos que tendremos que llegar a ese punto final de la historia, ¡pero no siempre es así! Como ya se mencionó en los primeros párrafos de este curso, sucede que quizás hemos tenido una buena idea sobre el tema, pero que el final de la historia aún no está claro en nuestra mente, por lo tanto, podemos fácilmente comenzar a escribir y ver, paso a paso, la evolución de los acontecimientos que creamos de vez en cuando, y qué pueden conducir, en consecuencia, a encontrar, en el camino, el final correcto del libro. En otras ocasiones, aunque se haya decidido a priori cuál debería ser la conclusión, esto se cambia precisamente porque durante la redacción de la trama nos dimos cuenta de que otra idea sería más adecuada como final y por esto aplicamos la nueva intuición que va a reemplazar la que se tenía originalmente. La propia evolución de la historia nos ayuda a elegir incluso cuando estamos indecisos entre dos o más conclusiones posibles que nos parecen adecuadas; por lo tanto, la propia escritura de la historia puede ayudarnos a decidir cuál de las opciones que tenemos en mente puede ser la más adecuada. ¿Recuerdas el párrafo anterior sobre los giros? Pues muchos libros, especialmente los de cine negro, los de misterio, los thrillers y las historias de detectives, terminan con un giro que sorprende a todos. En este caso, cuando escribí el segundo libro de la saga SharpShooter, es decir, *"El SharpShooter y el Diente de la Muerte"*, terminé la historia con un giro que espero impacte lo suficiente al lector para sorprenderlo de manera positiva.

Me parece bastante obvio que terminaciones como:

"... Y todos vivieron felices por siempre.";

Son conclusiones exclusivamente aptas para un cuento de fábula, pero no para otro tipo de obras creativas en prosa. Por eso, si hemos escrito una fábula, podemos utilizar una frase como esa para cerrar la historia, pero si hemos escrito un texto de otro tipo, lo desaconsejo encarecidamente.

Está claro que, en el fondo, siempre es preferible evitar cualquier tipo de frase banal para cerrar un libro, aunque evidentemente el final de una historia no es solo una frase, sino un párrafo más o menos sustancioso que da sentido a todo lo sucedido de la historia.

23
Establecer la continuación de un libro

Una cosa que necesitamos que tomar en consideración es que si quieras continuar tu libro escribiendo un segundo entonces por este en el final de la historia actual puedes insertar alguna frase o información en particular que sugiera que se podría haber una nueva publicación en el futuro y que continúe lo escrito en el texto que estamos leyendo.

Esta es una técnica muy utilizada cuando se escribe el guion de un drama televisivo, donde existe una necesidad real de crear interés en el espectador, para que espere y vea el nuevo episodio de la serie.

Por ello, debemos tener cuidado de escribir un buen final que dé sentido a toda la historia que acabamos de contar y que, al mismo tiempo, genere interés por la posible nueva historia que queramos escribir en el futuro. Al hacerlo, aquellos que hayan leído el primer libro probablemente también querrán leer su secuela.

Estas informaciones que, como se dice en el mundo de la radio, actúan como verdaderos *"teasers"*, también pueden insertarse aquí y allá durante la redacción de la historia, por lo tanto, no solo en el final. Yo mismo, en los distintos libros ya publicados, y también en los inéditos de la saga SharpShooter, utilizo este método, insertando noticias e información durante la historia, las cuales dejan una puerta abierta para el siguiente libro, pero que no interfieren de ninguna manera con el cumplimiento y la conclusión de la propia historia que estoy contando en aquel momento; de hecho, enriquecen el contenido y llevan al lector a preguntarse qué podría pasar después, porque en cualquier caso la historia llega a su momentánea conclusión natural, pero está claro que habrá más desarrollos.

Volvemos a tomar como ejemplo el mundo de Marvel y DC Comics, dos gigantes mundiales sumamente famosos. Lo que se dice en este párrafo se puede ver claramente en cada película que producen estas dos compañías cinematográficas. En cada película se desarrolla una historia concreta en su totalidad en la que también se incluyen pistas para la continuación de las aventuras de aquellos personajes en particular. Obviamente, estamos hablando de información y pistas que se dan durante la proyección de la película en sí, no de los *"teasers"* creados específicamente y que se ven durante los créditos finales o al final de los mismos. Se trata de una técnica muy eficaz, pero que implica la creación de una escena bien definida, que, sin embargo, ahora va más allá de la historia que acabamos de contar.

Esta metodología, aunque si aquí hablamos de papel impreso, también se puede utilizar en prosa clásica, es decir, insertando un breve párrafo al final del libro, una suerte de epílogo bis que ilustra algún posible escenario futuro, pero debe hacerse con mucho cuidado y atención.

24
Mezcla todo y haz que las ideas convivan

En los párrafos anteriores hemos visto cómo fijar las características de los personajes en 360 grados, el trasfondo de la historia, los lugares, los ambientes y el período histórico; ahora, tenemos que unir todo a través de un hilo lógico que tenga sentido o tendrá sentido a medida que el público siga leyendo.

Por tanto, debemos ser capaces de insertar en la posición más adecuada todas las piezas que tenemos disponibles para crear una historia convincente.

Como ya se informó al inicio del curso, nos ayuda la explicación que dio en el siglo XIX el gran Alessandro Manzoni, quien decía que para crear un buen libro, este debe tener: *"¡La verdad como tema, la interesante como medio y el beneficio como fin!"*

En este caso, Manzoni vivió una época de enfrentamientos y rebeliones, incluidas las diversas guerras y movimientos revolucionarios que condujeron a la independencia de Italia, por lo que, como otros escritores, tendió a utilizar un tema *"plausible"* para denunciar la opresión de la dominación extranjera del momento o lo que fuera que estuviera mal en el país donde vivían estos autores. El caso es que, aún hoy, este lema de Manzoni sigue siendo veraz y actual, aunque hay historias de fantasía y ciencia ficción que tal vez tengan muy poco de verdad o en todo caso solo sentimientos comunes como el amor y el odio, porque luego tienen lugar en mundos que no existen o en dimensiones paralelas con personajes ficticios o mitológicos en sí mismos.

Traducido en palabras simples, significa que cuando desarrollamos una historia, tener un tema bastante veraz nos puede ayudar mucho o si, por casualidad, cuando teníamos la idea básica, esta era un poco vaga, ahora ha llegado el momento de reforzarla con algo convincente.

Evidentemente, esto nos lleva a tener una base que resulta interesante y que debe apoyarse en las escenas y acontecimientos que iremos describiendo a medida que avanza la historia, recordando siempre revisar las notas que hayamos tomado para mantener la coherencia de los personajes y cualquier estado social que hayamos creado; como leyes particulares que prohíben algunas cosas y permiten otras.

Todo, nuevamente según Manzoni, debe ser un medio que nos lleve al objetivo final, que es la enseñanza de un concepto que pueda mejorar al lector.

Objetivamente, no todos los cuentos y novelas que leemos tienen una finalidad tan cortesana, pero lo cierto es que en cualquier caso, aunque sea involuntariamente, cualquier cuento comunica algo, aunque haya sido escrito con fines puramente comerciales, como suele ocurrir con algunos dramas televisivos.

Lo importante es entender lo que queremos comunicar al lector y montarlo todo de la forma más adecuada posible, sin perjuicio de que no siempre es necesario tener presente toda la trama al empezar a escribir, porque a veces basta con tener el tema y *"navegar de vista"*, es decir, avanzar lentamente, dejando que la inspiración nos guíe párrafo tras párrafo, construyendo poco a poco nuestra historia. Lo que implica la posibilidad de crear nuevos personajes a lo largo de la historia, eliminar otros e insertar nuevos acontecimientos que no habíamos pensado previamente y nuevos giros que nos parezcan adecuados a cómo hemos desarrollado la trama hasta ese momento.

Depende de nosotros, por tanto, mezclar todos los aspectos que hemos inventado, desde los personajes a los lugares, a la información básica que nos puede dar un posible periodo histórico o con datos objetivos, si hablamos de un hecho concreto o acontecimiento que realmente ocurrió y en consecuencia tenemos la estricta necesidad de informarnos lo más posible sobre los hechos.

Como ya se dijo en los párrafos anteriores, es necesario mantener un buen hilo lógico, coherencia entre personajes y acontecimientos y conseguir que el interés de la historia no decaiga a medida que esta misma se desarrolla.

25
La narrativa

Entre las diversas opciones que podemos utilizar a la hora de escribir una novela, está la inherente al tipo de narración que se puede realizar, eligiendo entre los modos clásicos de tercera persona y primera persona.

La clásica narración en tercera persona ya se ha visto en los ejemplos de los párrafos anteriores y es simplemente creada por el escritor que, de hecho, narra los hechos de página en página.

La versión en primera persona, sin embargo, como el propio término indica, ve al protagonista de la historia o a uno de los personajes secundarios como narrador. En este caso, el narrador en primera persona, en la figura del protagonista, se denomina *"autodiegético"*, mientras que cuando esta narración es realizada por un personaje secundario, se denomina *"narrador alodiegético"*. Independientemente de los términos técnicos, vayamos al grano y veamos cómo se ejecuta este tipo de narración.

Básicamente, no hay problemas particulares; simplemente se establece una especie de diálogo falso entre el narrador y el lector, donde el primero le expresa lo que está viviendo o ha vivido en el pasado. Hablo de diálogo falso porque obviamente el lector no puede contrarrestar lo que se le dice excepto para sí mismo en su propia mente, por lo que objetivamente es más una especie de monólogo que cualquier otra cosa. Tomemos un ejemplo:

"¡Sabía que lo que había hecho estaba mal, pero no podía permitir que ese chico me robara el dinero! Sin embargo, después de denunciarlo a la policía, unos días después, lo contacté y le dije: «¡Hola, Nick! ¡Lamento haber arruinado tu vida, pero no podía dejar que siguieras adelante con tu plan!»"

En este caso utilizamos la narración de un hipotético protagonista quien, al exponer la historia al pasado, relata un hecho que ya sucedió, por lo que durante el desarrollo de la historia también podrá entregarse a consideraciones inherentes a los hechos que en ese momento de la historia, objetivamente, todavía no conocía, pero que, habiéndolos experimentado ya, con la debida atención, pueden insertarse de manera justificada a través de un hilo lógico que los describa bien y, por lo tanto, los haga utilizables de alguna manera adecuada al lector, como por ejemplo:

"Cuando hablé con Michelle todavía no sabía que la joven, a los pocos días, le contaría todo al dueño de la cafetería. Comprenderás mi sorpresa cuando, el domingo siguiente, los secuaces del tipo vinieron a darme una paliza. ¡Desde aquel momento comprendió que ya no debía abrir la boca en presencia de esa estúpida chica!"

En el ejemplo que acabamos de dar, el narrador relata un hecho que vivió, es decir, ser golpeado, anticipando la explicación del motivo que provocó esa acción hacía de él. Él puede hacerlo, porque nos está contando un hecho de su vida que ya pasó y lo explica de forma lógica, porque pone un punto de partida, es decir, haber hablado con una tal Michelle y nos habla de la traición de la chica, explicando de antemano el motivo de lo que pasó posterior, cuando fue víctima de una paliza.

Si, por el contrario, el tiempo escénico de la historia hubiera sido el presente, la explicación del motivo de la agresión recibida habría tenido que posponerse, ya que tanto si el narrador era el protagonista, como un personaje secundario, viviendo la historia en el mismo momento en el que lo cuenta, ciertamente no puede saber qué o quién causó un evento o qué sucederá realmente en el futuro, a pesar de lo que está escrito en el primer ejemplo; por lo tanto, la misma parte de la historia debería escribirse, más o menos, de la siguiente manera:

"Bueno, hoy es domingo y me encuentro en el suelo, cubierta de sangre, mi propia sangre, ¡porque los secuaces del dueño de la cafetería donde trabaja Michelle han venido a pelearme! ¿Pero cómo supieron que estaría aquí? La única persona a la que le he contado mi plan es Michelle misma. Necesito averiguar si realmente me vendió."

Situación similar si el narrador en primera persona hubiera sido un personaje secundario, manteniendo el presente de indicativo como verbo y especificando que el protagonista de la historia se llama Luke para este ejemplo:

"*¡Hoy es domingo! Y camino hacia el parque pensando si llamar o no a Luke, cuando de casualidad lo veo en el suelo, cubierto de sangre, su propia sangre, porque los secuaces del dueño de la cafetería donde trabaja Michelle han venido a pelearlo, por lo que me cuenta! Me dice que tiene un plan en mente, quizás ahora abortado y que nadie lo sabe, excepto Michelle. Luke sigue sangrando, pero su único pensamiento ahora es entender si la chica realmente lo vendió. Lo miro, pero no sé qué decir.*"

Como ves, la ambientación narrativa varía, pero sobre todo, a esa altura de la novela, todavía no es posible establecer quién es el verdadero culpable de la emboscada sufrida por el protagonista, porque estamos usando el presente y, por tanto, esta información debe obtenerse de forma gradual y más avanzada en la historia. Todo diferente desde a lo escrito en el primer ejemplo donde a través del imperfecto contábamos un hecho ocurrido hace algún tiempo y del cual el protagonista ya conocía la causa que lo hizo suceder.

26
El título

Es cierto, el título es lo primero que lee el público, pero objetivamente es lo último, de la fase creativa, de lo que hablamos en este módulo y hay una razón. Objetivamente, a mi modo de ver, no hay un momento muy concreto para elegir el título, ya que este puede surgir espontáneamente como una iluminación mientras pensamos en el tema de la historia, o tal vez podemos llegar a entender cuál puede ser el título después de haber escrito todo lo que queremos contar, porque la integridad de los hechos descritos nos ayuda a encontrar un título más adecuado para el texto. Evidentemente, hasta que se publique el libro, tenemos mucha libertad para pensar y repensar qué título darle realmente a la obra y quizás, en última instancia, modificar la idea inicial. Lo mismo se aplica al subtítulo, que estaría destinado a ayudar al lector, explicándolo un poco mejor o, en cada caso, dando una indicación más detallada sobre el contenido real de la historia.

El caso es que la elección del título y del subtítulo es muy importante como otras fases de la redacción de un texto, precisamente porque, como veremos en el párrafo 29, junto con la tapa e incluso antes de ella, es absolutamente el primer impacto que tenemos con el lector, la primera fase publicitaria de venta del producto en sí y que tiene la doble tarea de dar indicaciones sobre el contenido y género del libro y atraer al público.

Entendiendo que al final del día, todavía somos muy libres de darle el título que parezca más apropiado a nuestra historia o libro; Sería mejor prestar atención a los parámetros de coherencia que explicamos anteriormente, por lo que un título como: *"Las extrañas aventuras del grillo amarillo"* probablemente sea más apropiado para una colección de cuentos de hadas, mientras que si lo usáramos para un thriller o una historia de fantasía, objetivamente tendría muy poco sentido. Si, por el contrario, titulamos la obra: *"La gran prueba"*, pero luego en el texto, por parte de los personajes, no hay rastro de una experiencia particular que debe ser superada, o similar, entonces no serviría de nada titular el libro de esa manera.

En sí, lo mejor es pensar detenidamente todo el contenido de la historia que se ha escrito y su significado, para luego a partir de ahí encontrar cuál debe ser el título más adecuado. Un pequeño truco, en caso de indecisión sobre qué título poner, es utilizar el nombre o apodo del protagonista y alternativamente hacer referencia a algo que tenga que ver con su trabajo, o algún detalle de sus pasiones que tal vez fue colocado en el centro de atención de la trama. Como puedes ver, por tanto, la elección de un buen título no es algo tan trivial y debemos prestarle la debida atención.

IV
Módulo
-
Organizar todo

27
Revisión

El trabajo de muchos autores, especialmente los independientes, no termina una vez escrita la última palabra de un libro, porque en ese momento tienen que afrontar una fase bastante larga y delicada que se desarrolla en varios pasos y de la que no podemos escapar; es decir, la revisión.

Para quien tiene una editorial sólida detrás, el mayor trabajo en esta fase lo realizan unos empleados que revisan nuestro texto, corrigiendo errores tipográficos, algunos errores gramaticales que siempre se pueden escapar y van a resaltar los puntos del texto que no están claros y necesitan ser arreglados.

Para aquellos que, como muchos autores independientes, no tienen a nadie que haga este trabajo por ellos, esa larga fase del proyecto siempre depende de los escritores mismos.

La revisión debe realizarse, como ya se ha mencionado, en varios pasos porque durante su ejecución se llevan a cabo varios tipos de controles.

Yo mismo, en mis textos, incluido este, realizo al menos 4 o 5 revisiones, pero a menudo también otras adicionales para asegurarme de no haber omitido nada; porque créanme, a veces, ya sea por cansancio o por distracciones externas, ciertos errores nos escapan continuamente.

Precisamente para evitar el cansancio en la corrección de los borradores o del libro completo, conviene medir el tiempo dedicado a la fase de revisión, porque llegado un momento, al ser un texto escrito por nosotros mismos, puede suceder que releerlo para comprobar que todo va bien, las imprecisiones se pueden saltar involuntariamente porque en nuestra mente ya sabemos cuál debe ser esa frase en concreto y esto, incluso a nivel óptico, no nos hace notar que hay errores tipográficos.

Sin olvidar que se nos puede ocurrir añadir algunos pasos nuevos a la historia o eliminar otros, pero para tomar estas decisiones es necesario tener la cabeza lúcida.

Por esta razón, siempre es mejor avanzar lentamente durante esta fase por obtener mejores resultados. A continuación ilustraré cómo impongo personalmente los distintos pasos de esta fase.

En la primera revisión, normalmente, como ya se ha escrito anteriormente, se realizan comprobaciones para corregir errores tipográficos y gramaticales, comprobar la puntuación correcta, notar y corregir las repeticiones de palabras que suenen empalagosas para el lector y tomar nota de las frases que no están claras o completamente confusas, por lo que será mejor intentar volver a esas partes del texto más adelante para intentar reformular esos conceptos de otra manera.

En la segunda revisión seguimos comprobando la posible presencia de errores que pudimos haber pasado por alto en la primera instancia, pero principalmente tendemos a corregir aquellos pasajes que nos parecían mejorables, prestando también la debida atención en el transcurso de la historia y que se han ejecutado con exactitud, cualquier referencia a hechos previamente narrados o descritos. Un ejemplo de esta fase lo puede dar el hecho de que en cierto momento de la historia escribimos que dos personajes hablan de la victoria que uno logró sobre el otro en un partido de tenis descrito párrafos antes; así que volver atrás y comprobar nuevamente que en realidad fue ese personaje en particular quien ganó ese partido es algo bueno y correcto, por decirlo en un sentido eclesiástico. Lo mismo ocurre si decimos que un niño, mientras habla con una mujer, ya vista en varios momentos de la historia, se pierde en la mirada de sus ojos verdes; en este caso seguro que te vendrán muy bien los apuntes o el espejo de los personajes que sugerimos hacer al principio del curso para comprobar el color real de los ojos de la mujer.

Las revisiones tercera y cuarta suelen estar encaminadas a comprobar una vez más que no haya errores de ningún tipo, incluyendo la correcta redacción, haber dado el título correcto a los párrafos, capítulos, etc. pero créanme cuando les digo que todas estas revisiones son realmente útiles, porque algo, especialmente releyendo siempre lo mismo, puede fácilmente pasar desapercibido.

La quinta revisión, en principio, debería ser la última y más rápida, donde el texto se desplaza más rápido en busca de alguna palabra marcada en rojo, si estamos utilizando un editor de texto que nos permita revisar la ortografía; Términos incorrectos que, por tanto, deben corregirse.

Además de realizar la fase de revisión con calma, otro consejo que me gustaría dar es de tomar vuestro tiempo entre una revisión y otra, porque de esta manera la mente tendrá la oportunidad de relajarse del trabajo ya hecho y estar más fresco para llevar a cabo la nueva etapa que se necesita afrontar; quedando entendido que en este período de pausa, por largo o corto que sea, siempre eres libre de reflexionar sobre la historia que has creado y, si quieres, considerar insertar algo nuevo que te acaba de venir a la mente o, por el contrario, eliminar una parte que objetivamente, tras revisarla varias veces, parece superflua a pesar de haber sido ordenada lo mejor posible.

28
Comparar y gestionar opiniones

Durante cualquier fase de la redacción de un libro, pero siempre antes de su publicación, es bueno involucrarse y discutir, con personas de confianza, los temas tratados en el texto que estamos escribiendo. Esta fase paralela de comparación es muy válida y útil en varios aspectos. En primer lugar, tenemos la oportunidad de comprobar si algo que hemos escrito transmite objetivamente la idea que queremos transmitir al lector o si, por el contrario, este la percibe de forma incorrecta. Si nos encontramos en el caso negativo, probablemente será conveniente pensar como se podría cambiar y revisar ese apartado, o ese único concepto varias veces, para llevarlo al resultado deseado. Otra cosa importante de comparar con otros es que, tal vez, al discutir la historia que estamos escribiendo, podamos obtener algunas ideas nuevas o inspirarnos para agregar o modificar algunos párrafos de la historia. Muchas veces se puede simplemente pedir consejo sobre cómo la otra persona cree que sería más útil y bonito escribir una escena concreta, ambientar de cierta manera el carácter de un personaje o cualquier otra cosa inherente a la novela.

Evidentemente, en esta fase del trabajo creativo debemos intentar ser muy flexibles desde el punto de vista mental, tanto para comprender mejor las indicaciones que puedan darnos otras personas, como para aceptar y valorar constructivamente posibles críticas negativas; en el sentido que si un amigo nos dijera:

"¡No me gusta nada que este personaje se comporte así! ¡Apesta!";

Tenemos que aceptarlo y que nos expliquen por qué no les gusta esa parte, para que podamos aprovecharlo y posiblemente mejorar ese párrafo, ese personaje, o tal vez, después de evaluar lo que nos han dicho, quedarnos con nuestra idea original si pensamos que los consejos y las críticas no son confiables; pero en todo esto lo importante es: ¡no te ofendas!

A veces, permanecer impasible ante una crítica negativa no es la cosa más fácil del mundo... ya sea porque quizás quien la he dicho lo hace de forma superficial, o porque, vistos los datos que tenemos, no es realmente inherente al tema para lo cual pedimos esa opinión... pero lo cierto es que muchas veces sucede que a quienes se les pregunta no tienen mucho tacto al dar una opinión negativa. Esto no significa que una opinión negativa, quizás mal expresada, sea necesariamente errónea, al contrario... también puede ser muy constructiva, por lo que depende de nosotros reaccionar de la manera más adecuada y centrarnos en lo que necesitamos, es decir: ¡adquirir opiniones y nuevas ideas útiles sobre cómo mejorar la historia!

Claramente, es menos difícil cuando las críticas son positivas, o una idea he sido expresada de manera tranquila y amable, pero en ambos casos, ¡nuestro objetivo sigue siendo arreglar la historia de la mejor manera posible!

29
La portada y la disposición

Al igual que con las revisiones, como se ve en el párrafo específico, la editorial también se ocupa básicamente de la portada, quizás preguntando de vez en cuando la opinión del autor si está de acuerdo o no con las elecciones realizadas. En el caso de autores independientes, sin embargo, la portada es otra fase que hay que cuidar por nosotros mismos. Lo mismo ocurre con el diseño del libro en sí, que debemos elegir y cuidar nosotros. Un truco sencillo y que ahorra mucho tiempo es escribir directamente el formato que pretendemos utilizar para la publicación, a través del editor de texto. Existen diferentes tipos de formatos, desde el más pequeño hasta el más grande, siendo mayor el uso de los equivalentes a los tamaños del estándar internacional de hojas A4, A5, etc. El caso es que hoy en día existen muchos sitios online que te ayudan a hacer la elección correcta, sin olvidar que los editores de redacción más famosos ya tienen disponibles plantillas preestablecidas con formatos existentes. Además de lo dicho, también existen editoriales autoeditantes que ayudan con visitas guiadas tanto a maquetar bien el libro como a crear la portada, que, está claro, debe tener el mismo tamaño que hayamos elegido para el texto. Volviendo a la portada, como decíamos para el título, es una de las primeras cosas que ve el lector en una librería o cuando navega por el catálogo de una tienda online, por lo que, junto con el propio título, tiene la doble función tanto para dar una indicación sobre el tipo de obra que hemos creado, como para ser un medio publicitario, llamando la atención del posible comprador. Como he repetido innumerables veces durante este curso, y no me canso de hacerlo, la portada también debe ser coherente con el contenido de la historia, cosa que lamentablemente no muchos hacen, pero normalmente es así. En virtud de esto, pondré uno de los ejemplos sencillos de siempre, a saber: si hemos escrito una buena novela de amor, independientemente del lugar y la época en la que esté ambientada, poco sentido tendrá poner en la portada a dos soldados que realicen una acción guerrillera; en cambio, será mucho más coherente poner la imagen de dos amantes abrazándose, quizás parcialmente enmarcada por un bonito corazón rojo. La parte principal es obviamente la portada, mientras que para la parte trasera también podemos optar por un fondo liso y sencillo; Depende de nosotros elegir.

En este caso, en la parte de atrás de la portada se puede insertar la que se llama "contraportada", es decir, una especie de breve relato de la trama del libro que, sin embargo, no debe revelar el final, sino actuar como un verdadero teaser para que el posible lector quede captado y conducido a la compra de la obra. Es decir, que la información que se dé, en este breve resumen, debe ser la que creamos más relevante y, además, debe comunicarse de una forma que no cuente todo, solo aquellos aspectos salientes destinados a despertar la curiosidad del público. La "contraportada" también puede insertarse en la eventual solapa de la portada; es decir, esa extensión de la portada que se dobla entre esta y la primera página del libro.

En la maquetación, si la hacemos nosotros mismos, debemos recordar insertar, al principio del libro, el título del libro, el código ISBN y una breve información relevante sobre el autor, completando con los derechos de autor resaltados. Cualquier información como sitios, direcciones de referencia y agradecimientos especiales a quienes han contribuido a ayudarnos a lograr nuestro objetivo, se puede colocar en las primeras páginas, así como al final del libro y, en este caso, posiblemente después del índice que marca la ubicación correcta de los capítulos, párrafos y cualquier otra cosa que se haya incluido en el volumen que hemos producido. En este caso, en algunos de mis libros, además de la historia dividida en capítulos, también he incluido algunas poesías, debidamente colocadas en el índice.

V Módulo - Publicar

30
Como publicar

Como ya se mencionó en el párrafo anterior, dedicado a la portada y la maquetación del libro, en este curso trato principalmente los pasos que debe seguir un escritor independiente para poder crear y publicar su propia obra. Para esta última parte básica, enviamos nuestro trabajo a alguna editorial, más o menos importante, esperando que lo que hemos escrito guste al editor en cuestión y lo publique, haciéndonos firmar un bonito contrato. Lamentablemente, no siempre se tiene tanta suerte, por varias razones.

Afortunadamente, hoy en día, como autores independientes tenemos una gran ventaja, porque a través de Internet y la proliferación de editoriales que publican "on demand" o en todo caso que lo hacen como *"self-publishing"*, tenemos la posibilidad de ver la obra publicada e incluso distribuida la novela que escribimos con tanto esfuerzo y pasión.

A través de las páginas web de estas editoriales, como decíamos en el párrafo anterior, también suelen encontrarse herramientas útiles que nos ayudan tanto en la maquetación como en la creación de la portada. Mayoritariamente, la distribución que se realiza es electrónica a través de internet, pero la mayoría de estas editoriales distribuyen el libro en los principales canales internacionales como Amazon, etc.
Es evidente que cada casa tiene sus propios métodos y posibles canales preferenciales, pero casi todas, sin embargo, permiten la publicación tanto en papel como electrónica del libro con ebooks en formato "PDF" y "EPUB". En este caso, Amazon misma tiene una división dedicada a la autoedición y como se puede ver, la versión en Español de este curso he sido hecha a través Amazon.
Hay que tener en cuenta que como autores, al recurrir a una editorial, aunque sea por nuestra cuenta, solo obtendremos un pequeño porcentaje de las ventas de nuestro trabajo en papel, mientras que con los libros electrónicos existe la posibilidad de ganar un poco más.

A esta opción se suma la forma más autónoma de autoedición, más factible en el ámbito digital, es decir, crear nosotros mismos el formato PDF o EPUB, después de haberlo maquetado todo bien y haber añadido en la primera página la imagen de portada y vender este formato a través de un sitio disponible para nosotros o del cual somos propietarios, aunque esto implique la necesidad de abrir un *"Código de Identificación Fiscal"* (CIF) para estar en cumplimiento con las ventas. La autoedición en papel también es posible a través de alguna imprenta local, pero es muy cara y nos pone sobre nosotros todos los diferentes trabajos de distribución, entonces lo desaconsejo desde todos los puntos de vista.

Otra forma, aunque es necesario saber crear un sitio, ya sea de forma clásica o mediante las diversas herramientas disponibles con plantillas preestablecidas, es publicar nuestro trabajo como páginas de un sitio web y ponerlo a disposición de quien quiera leerlo. Estas tres últimas opciones, sin embargo, nos limitan porque hacer todo por nosotros no es fácil conseguir un código ISBN, que es el factor que registra a nivel global y único el libro que hemos creado, dándonos la posibilidad de venderlo. Debemos señalar que este código ISBN debe informarse dentro del libro, normalmente tanto en las primeras páginas como en la contraportada y que algunas editoriales on-demand lo cobran, mientras que otras, como precisamente Lulu Press y Amazon, lo dan gratis.

31
Saber reaccionar ante las críticas

Hemos llegado al punto en el que finalmente, de una forma u otra, hemos publicado nuestra historia, por lo que ahora debemos estar preparados para aceptar las críticas de quienes la lean. Como subrayamos en el párrafo 28 *"Confrontar y gestionar las opiniones"*, escuchar o leer, quizás en algunas redes sociales, las críticas dirigidas al trabajo que hemos realizado no siempre es fácil, ya que no siempre son positivas. Lamentablemente, sucederá que, por muy válido que sea el libro que hemos escrito en la objetividad real de los hechos, tal vez encuentre la disconformidad de algunas personas que, sin dudarlo, nos denigrarán. En este caso, el consejo que doy es puramente psicológico para no desanimarse, porque básicamente no podemos complacer a todos; Incluso si otros comentan positivamente la historia que escribimos, no es seguro que todos tengan la misma opinión. Precisamente en virtud de esto, es decir, de las opiniones positivas, debemos fortalecernos y enfrentar sin miedo a quienes hablarán mal de la historia. Los motivos para recibir críticas negativas son de por sí múltiples; tal vez realmente hayamos conseguido algo de poca importancia y luego, si revisando de nuevo lo que hemos escrito, nos damos cuenta de que ciertas críticas probablemente están bien fundadas, solo tenemos que aprovecharlo para mejorar en el futuro. Otra opción, muy común hoy en día, es ser criticado negativamente por personas que no entienden nada del tema, pero que se hacen pasar por expertos solo para darse un tono, así que en este caso, que sus palabras escapan como gotas de lluvia sobre un impermeable. Otro escenario posible, sin embargo, es que quienes han leído nuestra historia no sea amante de ese género en particular y, por lo tanto, básicamente tienden a ser negativos hacia todos los tipos de obras de esa categoría; Para ser claros, un fanático acérrimo del género terror, tal vez desdeñe cualquier historia de género amor y viceversa.

Depende de nosotros saber gestionar lo que nos dicen tanto de forma negativa como de la positiva y en el caso de esta última opción, *"asimilar"* cada elogio recibido, pero sin que nos suba a la cabeza, porque si nos hacen muchos elogios, cómo espero para vosotros que podáis recibirlos, entonces corremos el riesgo de *"bajar la defensa"*, lo que, para nosotros escritores, significa prestar menos atención a las obras futuras, creando así productos inferiores.

Como ya se ha dicho, de una forma u otra, esta fase se basa íntegramente en un hecho puramente mental y psicológico donde la resiliencia es fundamental para afrontar las opiniones negativas de la mejor manera posible y sacar fuerzas de los elogios, pero manteniendo los pies en la tierra, al suelo. Con lo que he explicado, quiero decir que debemos saber reflexionar bien las críticas desfavorables, sin desmoralizarnos por algunas malas palabras recibidas, sino reaccionando positivamente a esas... también porque, repito, a veces, algunas opiniones negativas son totalmente infundadas.

32
Conclusión

Hemos llegado al final de este libro y del curso de escritura creativa. Hemos visto paso a paso cómo configurar una historia desde las bases, desde el pensamiento único que ronda en nuestra mente hasta la escritura misma de la novela, analizando todos los pasos individuales que conducen al resultado final.

Para aquellos interesados, también he creado unas versiones video de este curso, que utilizan *"Escribir con fantasía"* como libro de texto. Pero, para ahora, las dos versiones videos del curso están en italiano e inglés. Para obtener detalles de los cursos en video, puedes conectarse a mi sitio web y más precisamente a la siguiente página:

https://www.danielebattaglia.org/corsi-online-on-demand

o directamente en:
https://www.udemy.com/writing-with-fantasy (curso en inglés)
https://www.udemy.com/scrivere-con-fantasia (curso en italiano)

Realmente espero que lo escrito en estas páginas pueda ayudarte a crear un manuscrito que cumpla tus expectativas y te brinde la oportunidad de expresar tu imaginación de la mejor manera posible.

Con amor,

Daniele Antonio Battaglia

Índice

I Módulo: Introducción a la escritura creativa
1. Introducción - página 4
2. ¿Qué es la escritura creativa? - pág. 5
3. Diferencias entre poesía y prosa - pág. 7
4. La importancia de la lectura - página. 8
5. Inspiración - página. 9
6. Cómo encontrar inspiración - pág. 11
7. Superar el bloqueo del escritor - página. 13
8. Escribir no es solo escribir - pág. 14

II Módulo: Ajustes básicos
9. Evite el plagio - pág. 19
10. Espacio y tiempo - pág. 22
11. Documentación histórica - página. 25
12. Idioma - página. 28

III Módulo: Crear la historia
13. Materia y género - pág. 32
14. Estructurar el fondo - página. 35
15. Describe los entornos - página. 38
16. Los nombres de los personajes - página. 41
17. Estructuración de los personajes - página. 43
18. Los diálogos - página. 50
19. Elaborar el comienzo - p. 54
20. Mantener el suspenso - página. 57
21. El giro de la trama - página. 61
22. El final - página. 62
23. Establecer la continuación de un libro - página. 64
24. Mezclar todo y hacer convivir las ideas - pág. 66
25. La narrativa - página. 68
26. El título - página. 71

IV Módulo: Organizar todo
27. La reseña - página. 74
28. Debatir y gestionar opiniones - página. 77
29. La portada y la disposición - página. 79

V Módulo: Publicar
30. Cómo publicar - pág. 82
31. Saber reaccionar ante las críticas - pág. 84
32. Conclusión - página. 86

Gli altri libri di Daniele Antonio Battaglia

Saga di SharpShooter

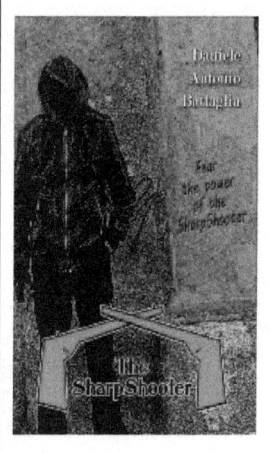	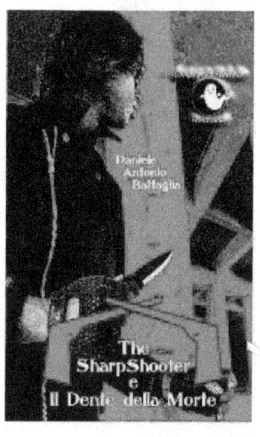	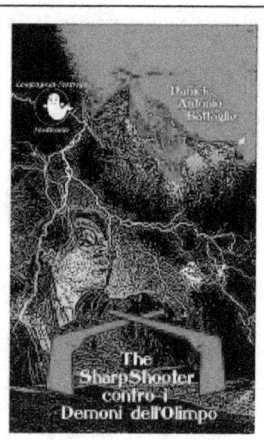
The SharpShooter	The SharpShooter e il Dente della Morte	The SharpShooter contro i Demoni dell'Olimpo
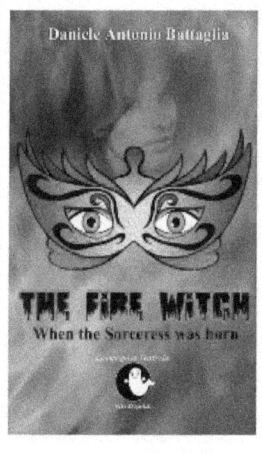	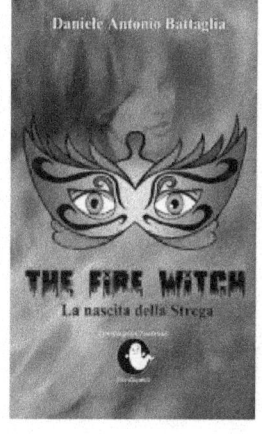	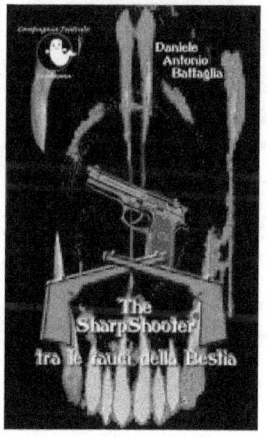
The Fire Witch When the Sorceress was born	The Fire Witch La Nascita della Strega	The SharpShooter tra le fauci della bestia

The SharpShooter La Prima Trilogia		

Romanzi

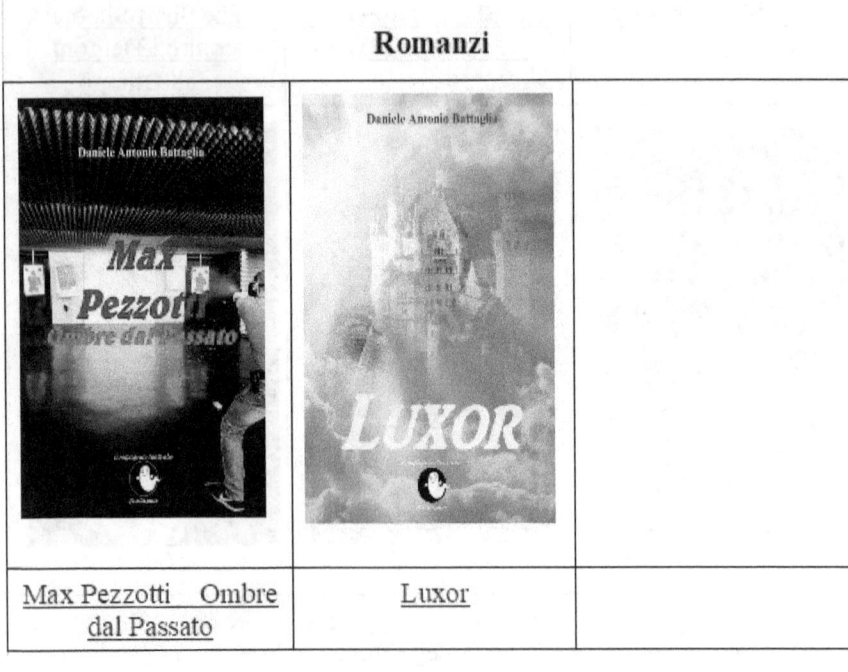

Max Pezzotti Ombre dal Passato	Luxor	

Raccolta di Poesie e Canzoni

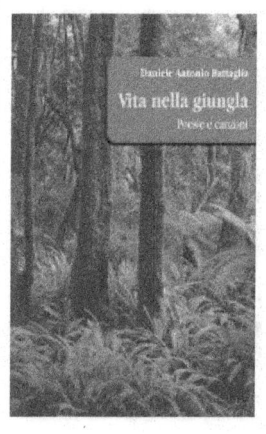	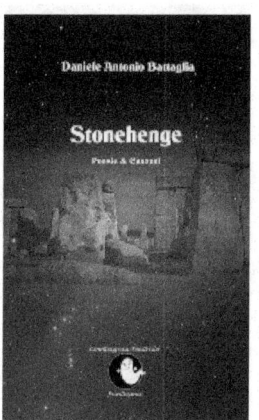	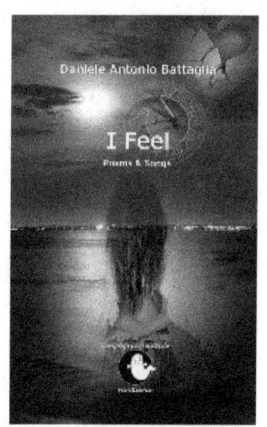
Vita nella Giungla	Stonehenge	I Feel
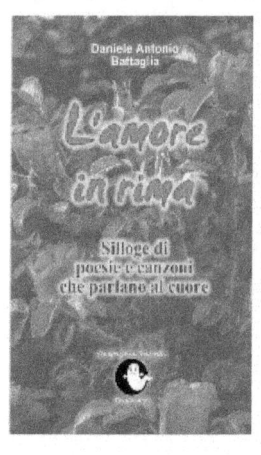	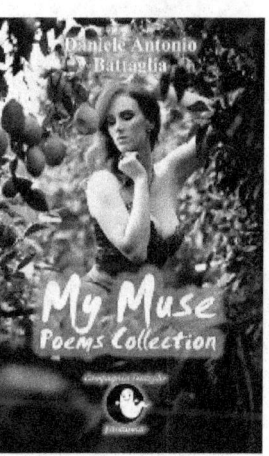	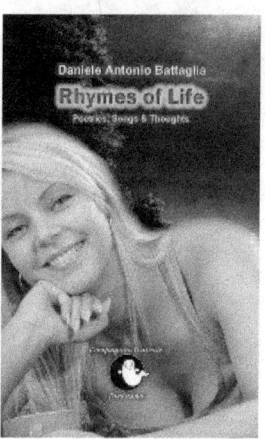
L'amore in rima	My Muse	Rhymes of Life

Testi Teatrali e Cinematografici

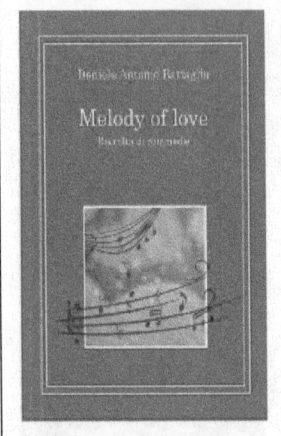	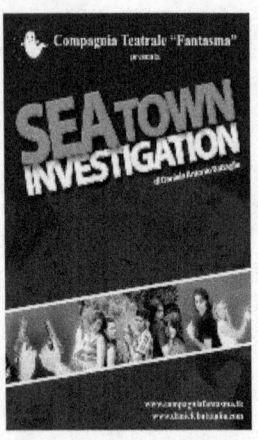	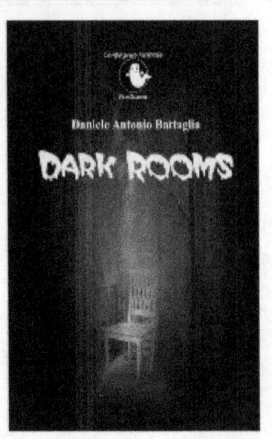
Melody of Love	SeaTown Investigation	Dark Rooms
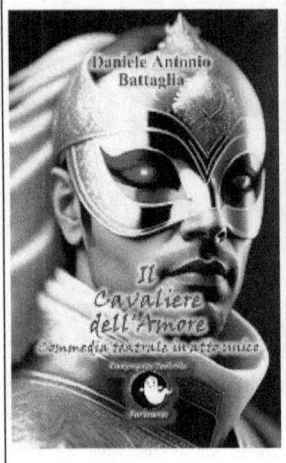	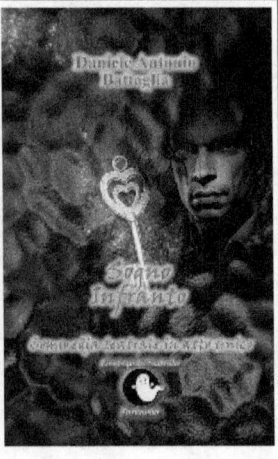	
Il Cavaliere dell'Amore	Sogno Infranto	

Libri Didattici

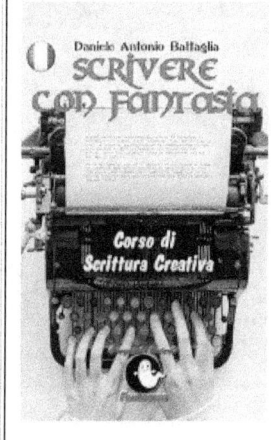	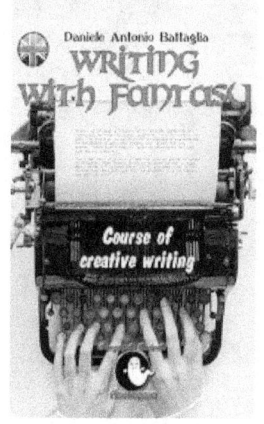	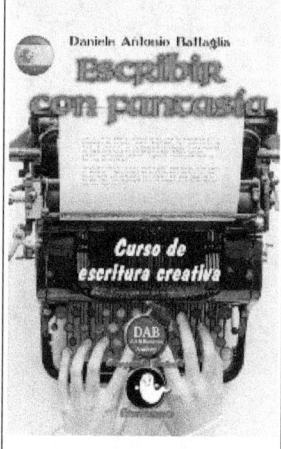
Scrivere con Fantasia Corso di Scrittura Creativa	Writing with Fantasy Course of Creative Writing	Escribir con Fantasía Curso de Escritura Creativa
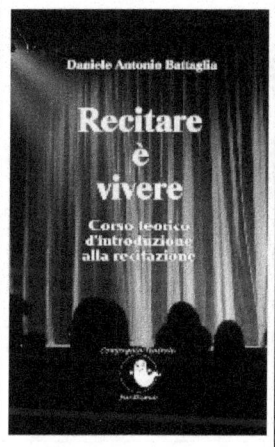	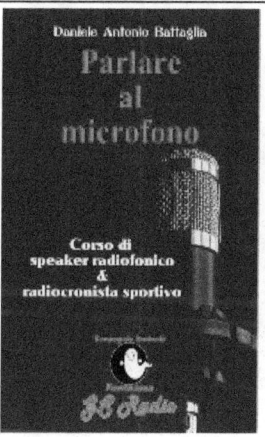	
Recitare è vivereCorso teorico d'introduzione alla recitazione	Parlare al microfono Corso di spekaer radiofonico & radiocronista sportivo	Parlare al microfono come uno speaker Corso di conduzione radiofonica

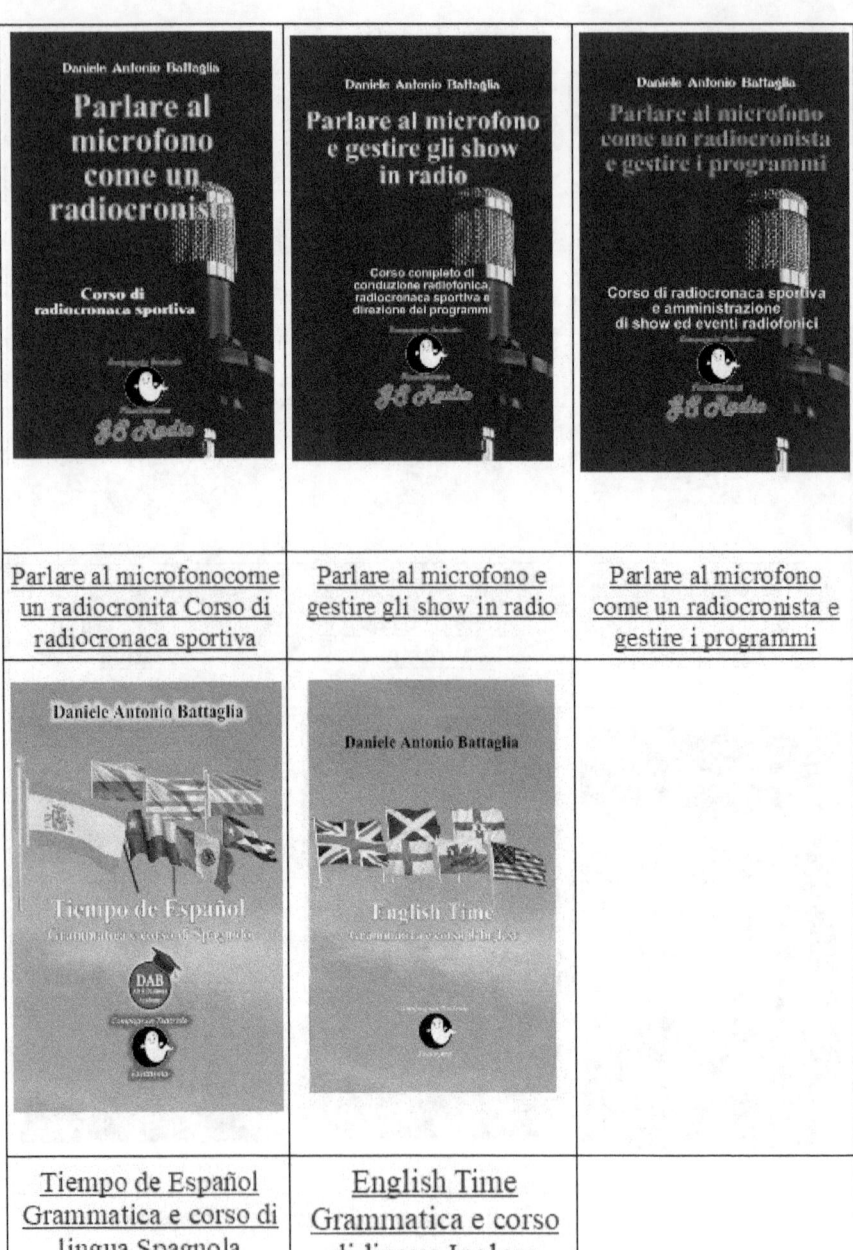